Regina Tödter

Buddha räumt auf

Wie man mit weniger glücklich wird

südwest

Inhalt

WAS IST MINIMALISMUS?

In Urlaubsstimmung

Jeder macht gerne Urlaub, keine Frage! Denken Sie an Ihren letzten: zwei Wochen nichts tun, die Seele baumeln lassen und jeden einzelnen Tag genießen. Dabei lebt man aus dem Koffer und hat nur das Nötigste dabei. Das Lieblingsteil ist schnell zur Hand. Man steht nicht stundenlang vor dem Kleiderschrank und überlegt, was man anziehen soll. Auch die ständige Suche nach Schlüssel, Schuh und Smartphone kann man sich sparen. Alles ist überschaubar und an seinem Platz.

Es ist außerdem ein herrliches Gefühl, anzukommen und sofort fühlbar zu entspannen. Das Hotelzimmer ist simpel eingerichtet, es ist hell und duftet nach Sauberkeit. Nichts Ablenkendes oder Störendes! Keine vollgestellten Bücherregale, brummenden Drucker, überfüllten Kleiderschränke oder mit Bildern vollgehängte Wände. Minimalismus pur. Keine lästigen Aufgaben halten einen von den Freizeitaktivitäten ab. Zu Hause bedarf es großer Überwindung, wenn man abends nur mal zum Yogakurs gehen will. Im Urlaub dagegen denkt man nicht lange nach, man braucht keine Pro-&-Contra-Listen, sondern tut einfach das, worauf man spontan Lust hat! Es müssen vorher weder E-Mails beantwortet noch das Badezimmer geputzt, Geschirr abgewaschen oder Papierkram erledigt werden. Stattdessen schlendert man gemächlich durch die Gassen, schreibt Postkarten und schaut sich um nach aufregenden Aktivitäten.

Im Urlaubsort kann man sich neuen Dingen sofort öffnen, und selbst fremde Leute werden schnell zu netten Bekanntschaften. Wohingegen im normalen Alltag der lang geplante Volkshochschulkurs aus Zeitnot wieder gecancelt werden muss und sich der Freundeskreis immer mehr auf Facebook und Co. verlagert. Urlaub ist auch deshalb etwas Besonderes: Man ist bei all seinen Aktivitäten im Hier und Jetzt! Man denkt nicht an vergangene Probleme und sorgt sich nicht wegen der Zukunft. Das Einzige, was einen im jeweiligen Moment wirklich interessiert, ist das nächste Mittagessen, die Hängematte oder das Abendprogramm mit Freunden. Könnte denn nicht jeder Tag wie Urlaub sein?

Eine gute Frage! Kann man sich den Urlaub nach Hause holen? Werden nicht selbst die schönsten Ferien irgendwann lästig und langweilig? Arbeit gehört zu unserem Leben, bildet einen festen Bestandteil. Sie gibt uns Sinn, überträgt uns Verantwortung, prägt unsere Identität, erfüllt uns mit Stolz und weist uns nicht zuletzt unsere gesellschaftliche Stellung zu. Wir wollen ein erfülltes Leben führen. Unser Berufsleben ist ein Teil davon.

Aber in diesem Buch geht es weniger um die Frage nach dem Sinn der Arbeit und noch weniger um Tipps für hervorragende Reiseveranstalter. Vielmehr möchte ich Ihren Blick auf etwas ganz Spezielles lenken, das sich ebenso wohltuend wie auch befreiend auf uns Menschen auswirkt und anscheinend nur noch in der Ferne – weit weg von unserem stressigen Alltag und der übervollgestellten Wohnung – zu finden ist.

Bei meiner letzten Urlaubsreise achtete ich besonders darauf, was genau dieses so „Angenehme" und „Entspannende" war, woher es kam und wodurch das Gefühl hervorgerufen wurde. Warum kann ich gerade anderorts so gut abschalten und loslassen? Weshalb bin ich in der Fremde wie ausgewechselt, erlebnisorientiert und offen für Neues?

Ich stellte fest, dass es offenbar egal ist, ob ich mich dabei in Schweden, auf Kreta oder am Steinberger See aufhalte. All diese Urlaubsregionen verbindet eine Tatsache: Die Reduzierung der Dinge auf das Wesentliche, das Weglassen überflüssiger Dinge, das bewusste Innehalten und die Wahrnehmung dessen, was mich gerade umgibt, kurz: der Minimalismus!

Nun verrate ich Ihnen etwas: Das eben beschriebene Urlaubsszenario muss nicht mehr länger Ihr lang ersehnter Traumurlaub bleiben, sondern kann Teil Ihres ganz normalen Alltags werden. Ich lebe meinen Traum bereits, denn ich bin Minimalistin. Mein Leben habe ich so drastisch entrümpelt, dass es heute dem anfangs beschriebenen Urlaub wirklich sehr nahekommt! Derzeit besitze ich nur noch etwa 300 Dinge, arbeite freiberuflich und lebe gemeinsam mit meinem Mann in einer gemütlichen kleinen und mitten im Zentrum gelegenen Wohnung. Unsere Zimmereinrichtung gleicht eher einem süßen Ferienapartment als einer überfüllten und einengenden Wohnung, was sie vorher definitiv war. Wir benötigen auch kein eigenes Auto mehr. Aufgrund der zentralen Lage unseres Zuhauses lässt sich alles zu Fuß oder mit dem Rad erreichen. Manchmal leihen wir uns einen Wagen, nutzen Mitfahrzentralen und Fernbusse, um weiter entfernte Ziele zu erreichen.

Heute kann ich mir meine Arbeitszeit frei einteilen und viel von zu Hause aus erledigen, sodass mir täglich mehrere Stunden zur Verfügung stehen, in denen ich Beschäftigungen nachgehen kann, auf die ich wirklich Lust habe. Trotzdem habe ich nicht das Gefühl, auf etwas verzichten zu müssen. Im Gegenteil: Mir stehen alle Türen offen.

Ich gehe kaum noch Klamotten kaufen, stattdessen gehe ich zu Tauschbörsen oder trage Sachen, die im Kleiderschrank bereits lange auf mich gewartet haben. Mir war vorher gar nicht bewusst, wie viele Klamotten sich eigentlich über die Jahre angesammelt hatten. Viele davon habe ich überhaupt nur ein einziges Mal getragen. Die meisten Bücher, DVDs oder Zeitschriften leihe ich mir in der örtlichen Stadtbibliothek, dazu nutze ich Online-Tauschbörsen oder kostengünstige Flatrates. Auswärts esse ich immer seltener, stattdessen greife ich selbst zum Kochlöffel, probiere neue Rezepte aus, zelebriere die Ergebnisse dann gerne mit Freunden und genieße sie achtsam. In der restlichen mir nun zur Verfügung stehenden Zeit besuche ich beispielsweise Zeichenkurse, arbeite im Stadtgarten – ich baue dort mein eigenes Gemüse an – und veranstalte Laufkurse. Ich fühle mich täglich wie im Urlaub! Besser könnte mein Alltag nicht aussehen, doch das war nicht immer so.

Vom Workaholic zur Minimalistin

Bis vor Kurzem war auch mein Arbeitsalltag als Assistant Store Manager in einem Modeladen streng getaktet, hektisch und der „Zeitgürtel“ eng geschnürt. Viele Aufgaben konnten nicht immer in der vorgesehenen Arbeitszeit erledigt werden, und so wurde Freizeit nicht selten beruflichen Verpflichtungen geopfert und Familienfeste oder Treffen mit Freunden abgesagt. Paradoxerweise machte mich der berufliche Erfolg gleichzeitig einsam, traurig und unglücklich. Zu Hause blieb zudem vieles liegen: Dinge waren unerledigt, Sachen sammelten sich an und es herrschte Chaos auf allen Beziehungsebenen. Während ich das Gefühl hatte, 24 Stunden am Tag vernetzt und immer für alle erreichbar zu sein, verlor ich den Draht zu mir selbst. Ständig war ich unterwegs, überall mit am Start, aber nie wirklich dabei. Selbst der Feierabend wurde zum Freizeitdauerstress: Vom Fitnessstudio zum Workshop oder zum Englischkurs. Zwischendrin erledigte ich dann irgendwann den Haushalt, die Wäsche und die Steuererklärung. Wo bleibt da noch Zeit für Muße und Erholung?

Und wie bei allen Menschen musste auch bei mir ein Schlüsselerlebnis her, um dem eingeschlagenen Weg eine neue Richtung zu geben. Bei mir war es die letzte Urlaubsreise, in der ich spürte, dass ich in einer Sackgasse steckte. Ich musste schleunigst etwas ändern, raus aus dem Hamsterrad, die Geschwindigkeit runterfahren und Ballast abwerfen.

Zurück aus dem Urlaub, bemerkte ich jedoch, dass es gar nicht so einfach ist, den Schalter einfach umzulegen und sein Leben zu entschleunigen. Es fehlte an Struktur, Planung und vor allem an Zeit. Dann kündigte ich meine Stelle, entrümpelte die Wohnung (von 10 000 auf 300 Sachen) und wurde zu dem Aussortierprofi, der ich heute bin. Vorab: Ich bin keine Verhaltenspsychologin oder Hauswirtschafterin im *engeren* Sinne. Ich habe keine Ausbildung – falls es so etwas überhaupt gibt – in dieser Richtung absolviert. Meine Fähigkeit, Dinge auszusortieren, Ordnung zu schaffen und ganz einfach *loszulassen,* beziehe ich aus einer ganz anderen, und zwar aus einer spirituellen Quelle.

Ursprünglich habe ich Religionswissenschaft studiert. Während des Studiums lernte ich den Buddhismus intensiv kennen. Buddhistische Lehren und Unterweisungen zeigen einem aber nicht, wie man sein Zimmer aufräumt oder den Keller ausmistet. Sie geben einem auch keinen konkreten Leitfaden für einen sinnvoller strukturierten Alltag oder zur besseren Stressbewältigung im Job. Trotzdem können einen Buddhas Erkenntnisse zum Umdenken anregen. Nicht zufällig werden heute Meditationen und Übungen in Achtsamkeit wie MBSR (*Mindfulness-Based Stress Reduction* – „achtsamkeitsbasierte Stressreduktion") im klinischen und psychologischen Bereich verstärkt als erfolgreiche Methoden zur Stressbewältigung angeboten. Diese sind jedoch losgelöst von religiösem – ursprünglich buddhistischem – Gedankengut. Neueste medizinische und neurowissenschaftliche Studien betonen die herausragende positive Wirkung von Meditation und Kontemplation. Gehirnstrukturen verändern sich nachhaltig zum Besseren, wie die sogenannte funktionelle Magnetresonanztomografie (fMRT) zeigt. Regelmäßige Meditation hilft beim Umgang mit Stress, Angst und Depression und verbessert die Konzentration und Achtsamkeit im Alltag. Selbst Empathie lässt sich durch regelmäßiges Meditieren erlernen.

Achtsamkeit und Empathie sind die Herzstücke der buddhistischen Lehre und bedeuten kurz gefasst, dass man in jedem Augenblick ganz präsent ist, ohne Bewertung und im Mitgefühl mit sich, der Umwelt und den Mitmenschen. Buddhas Hauptanliegen ist die Befreiung von Leiden. Denn jeder Mensch strebt am Ende doch nur nach einem glücklichen und zufriedenen Leben. Buddhas Weisheitslehren haben demnach kein bisschen von ihrer Aktualität verloren. Im Gegenteil: Buddhas *Anleitung zum Loslassen* lässt sich wunderbar auf die heutige Situation übertragen und kann zu einer besseren Alltagsbewältigung verhelfen. Buddha räumt Ihr Leben auf! In gewissem Sinn kann man Buddha als den „Prototyp des Minimalismus" betrachten. Gerade in einer gefühlten Highspeed-Gesellschaft, wo wir vor lauter Bäumen kaum noch den Wald sehen, kann uns die buddhistische Weisheitslehre eine wundervolle Inspirations- und Motivationsquelle sein.

In den ersten Wochen nach meiner Kündigung suchte ich nach einer Arbeitsalternative und stieß auf alte Studienunterlagen und darin enthaltene Texte über den Buddhismus. Während alles andere im Papierkorb landete, nahm ich die buddhistischen Weisheitslehren näher unter die Lupe. Schnell wurde mir klar: Minimalismus ist mehr als nur das Aussortieren überflüssiger Gegenstände. Mit Buddha können wir bedeutende und oft vergessene Lebensenergien wiederentdecken und den Weg zum wahren Glück neu beschreiten. Plötzlich spürt man, was es heißt, mit weniger wirklich glücklich zu sein.

Tipp

Vier typische Einwände – und wie man sie entkräftet

1. Minimalismus lässt sich in der Stadt besser realisieren als auf dem Dorf.

Das stimmt so nicht ganz! Gerade das Dorfleben lädt dazu ein, minimalistisch, naturverbunden und bewusster zu leben. Hier ist man weniger Sinneseindrücken und keiner städtischen Hektik ausgesetzt. Auf den Dörfern wird die Gemeinschaft in der Regel stärker gepflegt als in der Großstadt. Gegenseitige Unterstützung und gemeinsamer Zeitvertreib ergeben sich auf dem Land eher als zwischen Hochhausblöcken.

2. Minimalismus kann man als Single besser umsetzen als mit Kids.

Mit Kindern kann man super minimalistisch sein. Kinder vergleichen sich nicht ständig oder interessieren sich (noch) nicht für materielle Statussymbole. Sie wollen primär spielen und die Welt erkunden. Nichts klappt besser als das, wenn man einfach und bescheiden lebt. Denn Kreativität erwächst am besten aus der Einfachheit.

3. Minimalismus mit Partner ist einfacher als für einen Einzelkämpfer.

Minimalismus ist hauptsächlich eine Sache der inneren Einstellung und nicht von anderen Menschen abhängig. Wenn Ihr Partner alles andere als minimalistisch ist, dann lassen Sie ihn das sein. Früher oder später wird er sich fragen, warum Sie so viel gelassener, entspannter und zufriedener sind. Denn Sie sparen Zeit, Geld und Nerven! Das wird Ihr Partner mit Sicherheit zumindest langfristig nicht übersehen.

4. Minimalismus kann ein Selbstständiger flexibler umsetzen als ein Festangestellter mit einer geregelten 40-Stunden-Woche.

Vielleicht kann man bei einer selbstständigen Tätigkeit seinen Tag tatsächlich flexibler einteilen. Aber auch Selbstständige arbeiten 40, wenn nicht sogar 50 oder 60 Stunden die Woche. Der Unterschied liegt vor allem im persönlichen Zeitmanagement und der Selbstdisziplin. Als Festangestellter hat man irgendwann Feierabend, und den kann man bewusst gestalten. Für den Selbstständigen ist das immer eine Extraaufgabe, sich den Feierabend bewusst freizuschaufeln. Nicht selten sitzt er auch am späten Abend und an den Wochenenden noch an seiner Arbeit.

Über Minimalisten, Jäger und Sammler

Zugegeben, unsere Vorfahren sind schuld, dass wir heute wie wild horten. Das Ansammeln von Dingen ist also keine Krankheit oder Schwäche, sondern eine Ureigenschaft, die uns einst das Überleben sicherte. Jeder von uns trägt diesen Sammeltrieb in sich, und selbst der gewiefteste Minimalist muss sich davor hüten, nicht doch wieder der Sammelleidenschaft zu verfallen. Früher waren es vor allem Beeren, Wurzeln, Früchte und Kräuter, heute sind es eben Schuhe, Bücher und Elektrogeräte. Während man damals strategisch Vorräte anlegte, um beispielsweise frostige Wintermonate zu überbrücken, häuft man heute Konsumgüter an, um damit vermeintliches Glück oder Prestige zu erlangen oder einer Gruppe anzugehören, es dient als Zeitvertreib, als Wertanlage oder als scheinbare Sinnerfüllung. Leider halten die Sachen aber oft nicht, was sie versprachen. Was einst als Sicherheit, Lebenserleichterung oder dem materiellen Wohlstand diente, hat sich heute für viele zu einem riesigen Bewältigungsproblem ausgewachsen. Doch trotz Sammeltrieb und Jagdinstinkt waren Ötzi und seine Leute Minimalisten im engeren Sinn: Sie waren umherziehende Nomaden, kamen ohne festen Wohnsitz und großartige Besitztümer aus. Erst vor ungefähr 12 000 Jahren wurden die Menschen allmählich sesshaft, das heißt, sie begannen Häuser zu bauen, Vieh zu züchten und Felder zu beackern, es entstanden die ersten Siedlungen. Im Verhältnis zur Dauer der Menschheitsgeschichte ist diese Lebensform also modern, wenn man bedenkt, dass die Menschen mehrere Millionen Jahre hauptsächlich als Jäger und Sammler gelebt haben.

Zudem versinken wir heute trotz Stauraum in Kellerabteil oder Schrankwand und dem alljährlichen Frühjahrsputz im Chaos unserer materiellen Errungenschaften. Die Sachen ergreifen nicht selten Besitz von uns, sie verfolgen uns und engen uns in unserem Tun und Denken ein. Die Ansammlung von Dingen beschränkt sich aber nicht nur auf Materielles: Digitale Informationsüberflutung, Sinnesüberreizung und die Verdichtung des Alltags durch Aufgaben, Termine und Verpflichtungen trüben unseren Blick!

Indem wir Dinge ansammeln, versuchen wir vermutlich, auf diese Weise die doch sehr komplexe Welt um uns herum ein Stückweit unter Kontrolle zu bringen. Viele Erfindungen haben den Zweck, unser Leben zu bereichern, zu vereinfachen und uns glücklich zu stimmen. Die Werbung suggeriert uns noch dazu: „Wir werden erst glücklich, wenn wir das Produkt XY besitzen." Sie unterstellt uns, wir wären unvollkommen und erst dann gesellschaftlich akzeptiert, wenn wir uns das betreffende Teil anschafften. Ganz gezielt arbeitet sie mit unseren Ängsten und dem ungefestigten Selbstwertgefühl, getreu dem Motto „Haste was, biste was". Einkaufsstraßen locken uns in die Läden. Sie verführen und stimulieren unsere Sinne, um uns zum Kauf zu animieren. Und obwohl wir weder neue Schuhe noch sonst etwas benötigen, kommen wir am Ende mit drei Einkaufstüten nach Hause. Und so füllen sich die Schränke, die Zimmer, und am Ende brauchen wir größere Wohnungen. Erst durch das Einkaufen, so hat man uns weisgemacht, bessere sich unsere Situation. Was wir aber nicht kaufen können, sind Freundschaft, Träume, Glück und Vertrauen!

Dazu kommt noch, dass wir uns einfach nicht von den Dingen lösen können. Wir hören uns selbst sagen: „Das kann man doch noch irgendwann gebrauchen!", „Ich behalte es lieber, für alle Fälle", „Ich pass zwar nicht mehr rein, aber ich wollte eh abnehmen". Schwierig wird es bei Erbstücken und besonders teuren Geschenken. Nicht selten suggerieren uns solche Gegenstände Sicherheit, Ansehen, Status und Identität. Wir grenzen uns mithilfe von Besitztümern sogar territorial ab. Und haben wir erst eine Sache ergattert, streben wir schon wieder nach der nächsten. Der Hunger ist nur kurz gestillt. Ungern geben wir unsere Schmuckstücke wieder her, meistens aber haben wir gar keine

Zeit, uns wirklich um die ganzen Sachen zu kümmern. Chaos kommt wie von alleine, Ordnung leider nicht!

Wohin aber mit dem ganzen Zeug? Wir horten die Sachen ja nicht absichtlich, und wir haben auch kein ernsthaftes Desorganisationsproblem im Sinn einer Störung (kurz: Wir sind keine Messies). Außerdem bietet das ganze Jahr ständig neue Gelegenheiten, noch mehr Dinge anzuhäufen: Geburtstag, Weihnachten, Ostern, Feste, Urlaube, Valentins-, Mutter- und Namenstag sind Gründe zum Kaufen, Schenken und Beschenktwerden. Es sind vor allem die persönlichen Gegenstände und Erinnerungsstücke, die oft mit großen Emotionen verbunden sind: die schöne Perlenkette von der Großmutter, der eigenhändig kreierte Bilderrahmen, das Urlaubssouvenir und der erste Fußball. Sie werden im gewissen Sinne *Teil* von uns, weshalb wir sie einfach nicht loslassen können. Aber die Ansammlung wächst, und Ordnung zu halten wird immer schwieriger. Dazu gehören ständiges Aufräumen und regelmäßiges, konsequentes Ausmisten. Das wiederum bedeutet Arbeit. Die ist meist unbequem und anstrengend – und dafür haben wir erst recht keine Zeit. Außerdem tut Veränderung weh! Man kann dabei Fehler machen – denn was ist, wenn man später bereut, ein bestimmtes Teil aussortiert zu haben? Noch bis heute prägt viele Menschen die Vorstellung, mehr sei besser, Besitz sei mit Reichtum gleichzusetzen, Sammeln hebe den sozialen Status an. Anstatt die Loslösung von sämtlichen überflüssigen Gegenständen als gesundes „Abspecken" zu empfinden, trauern wir den Dingen hinterher. Dabei vergessen wir oft, dass unser Sein nichts mit dem Haben zu tun hat!

Wie konnte es so weit kommen, dass wir uns selbst so sehr aus den Augen verloren haben? Können wir uns selbst nur noch über unsere Besitztümer definieren? Wie aber sollen wir auf schwierige Lebenssituationen reagieren, wenn wir unsere Identität von materiellen Dingen und Konsumgütern abhängig machen? Alles ist vergänglich. Je früher wir lernen, damit umzugehen, desto leichter fällt es uns, mit einer plötzlich auftretenden Veränderung in unserem Leben umzugehen.

Raus aus dem Teufelskreis

Vieles, was uns täglich umgibt, sorgt offensichtlich für Verwirrung, Abhängigkeit, Unsicherheit und starke Identifikation. Wenn wir uns erst über Marken, das Verfolgen von Trends und die Größe unseres Autos definieren, dann zeugt das doch eher von einem schwachen Selbstbewusstsein und Charakter. Zudem verzetteln wir uns ständig, weil wir den Überblick verloren haben und unser Terminkalender aus allen Nähten platzt. Wir sind trotzdem den ganzen Tag damit beschäftigt, diesen Teufelskreis weiter aufrechtzuerhalten. Anstatt uns einfach von bestimmten Sachen abzukoppeln, besorgen wir uns neue Dinge, die uns dabei helfen sollen, unseren Alltag besser zu bewältigen. Am Ende brauchen wir noch mehr Platz und noch mehr Geld für noch mehr Dinge, und damit schaffen wir uns nur noch mehr Probleme und mehr Arbeit, die wir wiederum bewältigen müssen.

Dass uns alltägliche Aufgaben und Anforderungen dann so stark beherrschen und für uns leicht in Stress und Überforderung ausarten, verwundert dann nicht mehr. Woraus sonst sollen wir Kraft schöpfen, wenn nicht aus uns selbst heraus?

Derzeit weht eine frische Brise durchs Land: Immer mehr Menschen wenden sich ab vom Konsumismus und legen gesteigerten Wert auf immaterielle Dinge wie Familie, Freundschaft, Zeit und Bildung. Dank der guten Vernetzungsmöglichkeiten via Internet wächst die sogenannte *Sharing Community*, Solidarität steht auf den Fahnen, und Aussortieren ist an der Tagesordnung. Generation Y (Why) hinterfragt das bisherige Konzept, sie entrümpelt ihr Leben und richtet ihr Augenmerk immer stärker auf den Nachhaltigkeitsaspekt. *Carpe diem!* Diese minimalistische

Vorstellung überträgt sich sowohl auf die eigenen vier Wände als auch auf den Arbeitsalltag, auf Nahrungswahl und Freizeitgestaltung. Während sich im Beruf die Jobverhandlungen vor einigen Jahren noch um Boni-Zahlungen, Dienstwagen und Firmenhandy drehten, stehen heute Gleitzeit, Home Office und eine gute *Work-Life-Balance* im Vordergrund. Der Trend ist allerdings nicht neu. Immer wieder entschieden sich Persönlichkeiten aus der Geschichte für ein einfaches Leben – man denke etwa an Sokrates, Buddha, Henry David Thoreau, Leo Tolstoi und Mahatma Gandhi. Allerdings hat das da immer noch einen leicht negativen Beigeschmack von Weltverneinung, Abschottung und Entsagung. Manche Menschen stellen sich unter einem Minimalisten einen pessimistischen Aussteiger-Asketen vor, der nichts mehr besitzt und sich komplett von der Welt abgewandt hat. Doch das ist durchaus nicht gemeint!

Ist Minimalismus ein intellektueller Modetrend, der sich irgendwie in die Kategorie „Organic-Fair-Vegan" einordnen lässt oder handelt es sich hierbei tatsächlich um einen Lebensstil, der bereichern und zu einem glücklicheren Leben beitragen kann? Fakt ist: Minimalismus ist ein globales Phänomen und hängt eng mit altruistischem Handeln zusammen. Menschen in den USA, in Russland, Spanien und Skandinavien haben begonnen, ihr Leben aufzuräumen und dadurch Platz für neue Beziehungen zu schaffen. Diese Kontakte beschränken sich nicht nur auf die Nachbarschaft oder lokale Freundschaften, sondern bilden ein globales Netzwerk, das auf Vertrauen und Solidarität baut. Bei den Einwohnern von Singapur oder Japan lassen sich zum Beispiel interessante minimalistische Lebensweisen beobachten. *Danshari* (japanisch für „loslassen") heißt die Lebensphilosophie im Land der aufgehenden Sonne. Sie gründet möglicherweise auf dem vorherrschenden Platzmangel, dem daraus resultierenden Zusammenleben mehrerer Generationen auf engem Raum, doch dürfte sie auch von den Umweltkatastrophen in jüngerer Zeit ge-

Info

Minimalismus bedeutet:

- Kein Aussteigen, sondern das Tempo zu drosseln
- Kein Verweigern, sondern Reduzieren und Vereinfachen
- Keinen Verzicht, sondern Genuss
- Kein Verzetteln, sondern Aufmerksam-Sein
- Keinen Alltagszwang, sondern Freiheitsgefühl
- Keine Aufforderung, sondern Herausforderung
- Keine Vereinsamung, sondern Solidarität und Vernetzung
- Keinen Pessimismus, sondern positives Denken
- Keine Kritik, sondern Chance
- Keine ideale Theorie, sondern praktisches Denken
- Keinen Stillstand, sondern über den Tellerrand zu schauen
- Keine Armut, sondern reich beschenkt werden
- Keine Einschränkung, sondern Einfallsreichtum
- Kein passives Nichtstun, sondern aktive Lebensgestaltung
- Keine Sinnlosigkeit, sondern Glückseligkeit
- Keine Endzeitstimmung, sondern Aufbruch

prägt sein. Daher werden viele Freizeitaktivitäten „outgesourct" und nicht selten in virtuelle Welten verlagert. Minimalismus erfährt auf diese Weise eine komplett neue, digitalisierte Reform.

Das Internet spielt eine wesentliche Rolle für die Entwicklung dieser Bewegung. Selbst die Erfindung des World Wide Web basiert auf dem Gedanken des Teilens von Inhalten und Informationen. Es ist das größte Sharing-Portal. Über das Internet treten Menschen von überall auf der Welt in Kontakt, um gemeinsam an Projekten zu arbeiten, Wissen und Informationen auszutauschen und eine gemeinsame Weiterentwicklung anzustreben.

Wie viele Beispiele zeigen, ist Minimalismus kein Kurzzeit-Hype: Neben dem Sharing-Gedanken bedeutet Minimalismus in erster

Linie „loslassen“. Aber das können wir erst erfolgreich, wenn wir die Ursachen des Anhaftens verstehen. Zum Glück hatte schon vor 2500 Jahren jemand diesbezüglich einen wahrhaft erleuchteten Gedanken: Buddha machte bei seinen Überlegungen zum Glück eine interessante Entdeckung und fand die Antwort auf das grundlegende Menschheitsproblem: Je mehr man hat, desto mehr sorgt man sich. Aber je weniger man braucht, desto glücklicher ist man. Wann haben wir also genug? Wie wird aus dem Haben ein Sein? Ist Loslassen tatsächlich die Antwort auf ein glückliches Leben? Und wie hängt Loslassen nun konkret mit Empathie zusammen? Was ist demnach Glück und was ist Lebenssinn? Und wo suchen wir am besten danach?

Finden Sie es heraus mithilfe dieses Ratgebers über das Aufräumen mit Buddhas Hilfe. Eins schon mal vorab: Dauerhaftes Glück werden Sie vermutlich nicht in der Schokotorte oder in Ihrer Beförderung finden. Auch nicht in der Modeboutique, bei der Anschaffung einer Immobilie oder am Lenkrad eines neuen Sportwagens. Doch sobald Sie beginnen, sich von all diesem Konsumschnickschnack zu lösen, kommen Sie Ihrem Glück ein ganzes Stück näher – paradox, nicht wahr?

Im folgenden Kapitel erzähle ich Ihnen, wie Buddha auf seiner Suche nach dem Glück selbst zum Minimalisten und Aufräumexperten wurde. *Buddha räumt auf* meint aber nicht, dass er den Besen schwingt und Sie sich derweil bequem zurücklehnen und ihm dabei zuschauen. Vielmehr zeigt Ihnen Buddha einen Weg auf, wie Sie Ihr Leben langfristig entrümpeln können und quasi nebenbei zu dauerhaftem Glück gelangen. Buddhas Aufräumaktion beschränkt sich nicht auf den alljährlichen Frühjahrsputz, sondern wird zum langfristigen Lebensprojekt. Dabei sind Sie aber nicht auf sich allein gestellt. Mit Buddha an Ihrer Seite wird aus Ihrem Chaos ein echtes Urlaubsparadies. Schauen wir uns nun an, wie Buddha zu seiner Karriere als „Entrümpelungsexperte“ kam.

BUDDHA WIRD ZUM AUFRÄUMPROFI

Ein Weg zwischen den Extremen

Siddhartha Gautama muss damals, vor etwa 2500 Jahren, als Prinz in einem Königreich im heutigen indisch-nepalischen Grenzgebiet unter all der materiellen Überfülle am Hof seines Vaters gelitten haben. Das *Zuviel* wurde ihm wohl selber zu viel … Er besaß alles, was man sich nur wünschen konnte, und war trotzdem unzufrieden. „Das kann doch nicht alles im Leben sein", zweifelte er. Was für uns vermutlich nach einem Sechser im Lotto klingt, war für ihn ein goldener Käfig. Er fragte sich immer wieder, warum es überhaupt Leiden auf der Welt gibt. Warum ist der Mensch ständig unzufrieden und auf der Suche nach einem besseren Leben? Was sind die Ursachen für sein Unglück und worum geht es wirklich im Leben?

Schließlich, so erzählt die Legende, verließ er mit 30 Jahren den Palast, seine Familie und das ganze luxuriöse Gepränge, um sich in Abgeschiedenheit und Askese zu sammeln. „Vielleicht ist das ja die Lösung und die Antwort auf die Frage nach einem glücklichen und erfüllten Leben", dachte er. Siddhartha wanderte durch das Tal des Ganges, fastete und übte sich in strenger Askese. Doch nach einigen Jahren intensiver Enthaltsamkeit und Isolation stellte er fest, dass auch diese Art zu leben nicht das Richtige war. Ein Leben in Abgeschiedenheit und Einsamkeit macht den Menschen ebenso unglücklich. Wir sind soziale Wesen und wollen aktiv am Leben teilhaben, dabei sein und unser Glück mit anderen teilen, sonst ist jede Freude und Anstrengung irgendwie sinnlos. Sind unsere Grundbedürfnisse gedeckt, sehnen wir uns vor allem nach sozialen Beziehungen und gesellschaftlicher Akzeptanz. Wir streben nach Selbstverwirklichung, Liebe und Glück und wollen Leid um jeden Preis vermeiden. Siddhartha Gautama erkannte, dass weder die eine extreme Lebensweise (Luxus und Reichtum) noch die andere (Abgeschiedenheit, Armut und Askese) wirklich Sinn ergibt und nicht zum dauerhaften Glück beiträgt. Deswegen schlug er den Mittleren Weg ein.

Aus diesen Überlegungen entsprangen auch die berühmten Vier Edlen Wahrheiten. Die gewonnenen Erkenntnisse über den Weg zu einem wahrhaft glücklichen Leben machten Siddhartha zum *Buddha*, zum „Erleuchteten“! Endlich hatte er den Weg zum ewigen Glück gefunden. Wie wir wissen, waren Buddhas Erleuchtungsgedanken zu seiner Zeit revolutionär – und sie haben bis heute nichts von ihrer Aktualität eingebüßt.

Erleuchtung *to go*

Buddha erkannte also, dass wir ständig mit irgendetwas unzufrieden sind. Wir nörgeln herum, und es gibt immer etwas, das uns stört. Es geht bereits im Sandkasten los: Haben wir ein Spielzeug, wollen wir das des anderen Kindes haben. Sind wir Singles, sehnen wir uns nach einem Partner. Leben wir in einer Beziehung, nervt sie uns, haben wir einen Job, meckern wir über den stressigen Arbeitsalltag usw. Oft wissen wir aber gar nicht, was genau es ist, das uns davon abhält, in den Zustand des ewigen Glücks zu gelangen. Entweder sind wir grundlos launisch, fühlen uns schlecht behandelt oder wir sind einfach nur frustriert. Plötzlich und ganz unerwartet überkommt uns dieser pessimistische Gemütszustand. Ständig schwanken wir zwischen Verlangen, Befriedigung, Glücksempfinden und Enttäuschung. Wir suchen nach Lösungen, Wegen, Abwechslung und Zerstreuung. Nichts scheint das gute Gefühl dauerhaft zu binden. Der Glückszustand ist flüchtig, er rinnt uns ständig wie Sand durch die Finger. Das ist eine Tatsache, so Buddha, und somit die erste Erkenntnis (die erste der Vier Edlen Wahrheiten).

Unsere Unzufriedenheit hat immer eine Ursache, sagt Buddha. Und diese ist immer dieselbe: Sie entspringt den drei sogenannten Geistesgiften: Gier, Aggression und Unwissen (zweite Edle Wahrheit). Die Tatsache, dass schöne Dinge, tolle Ereignisse, gute Gefühle und positive Emotionen nicht von Dauer (also vergänglich) sind, ruft Leid in uns hervor. Wir haften an ihnen, verspüren Wut und Enttäuschung, wenn wir sie nicht mehr haben. Wir sind enttäuscht, desillusioniert und blind, weil sie uns nicht das geben, wonach wir dauerhaft streben.

Erkennen wir also die Ursachen für unser derzeitiges Leiden, das heißt, können wir die Gifte – etwa Eifersucht, Machtstreben, unsere ständigen Vergleiche mit anderen, Misstrauen oder Zweifel – in unserem Leben lokalisieren, ist es uns möglich, diese loszulassen und dadurch die Unzufriedenheit langfristig zu beenden (dritte Edle Wahrheit). Und wie man das am besten anstellt, zeigt einem der Achtfache Pfad, der zusammengefasst die drei Übungen a) Weisheit, b) richtiges Verhalten und c) konzentrierte Meditation beinhaltet (vierte Edle Wahrheit). Dieser Pfad ist der Weg, der aus der ständigen Unzufriedenheit heraus und damit in die Richtung zum dauerhaften Glück führt.

Dabei unterscheidet Buddha zwischen „äußerem“ und „innerem“ Glück. Dem äußeren Glück – dazu zählen etwa besseres Wohnen, bessere Kleidung usw. – misst Buddha weniger großen Wert bei als etwa der geistigen Entwicklung, die er zum inneren Glück zählt. Der größte Luxus kann nichts bringen, wenn uns innerlich etwas fehlt. Das Tolle: Diese geistigen Potenziale stecken in jedem von uns! Sie lassen sich beispielsweise mithilfe von Meditation (wieder)entdecken. Wobei wir Glück allerdings nicht mit Vergnügen oder positivem Erleben verwechseln dürfen, es ist vielmehr ein Zustand frei von jeglicher äußeren Beeinflussung oder positiven Gefühlsregungen. Am besten lässt sich dieser Zustand im Mitgefühl erreichen.

Ich fühle mit dir

Der wichtigste Schlüssel zur geistigen Zufriedenheit ist Empathie oder besser gesagt: Mitgefühl, wie es im Buddhismus heißt. Nicht

Info

Grundzüge des Buddhismus

Die Vier Edlen Wahrheiten

1. Das Leben ist Leiden.
2. Die Ursachen des Leidens sind Gier, Aggression und Verblendung.
3. Durch Loslassen erlöschen die Ursachen und damit das Leiden.
4. Der Weg zur Aufhebung ist der Achtfache Pfad.

Der Achtfache Pfad

Er besteht aus acht Teilen, die sich wiederum in drei Bereiche gliedern lassen:

1. Weisheit (rechte Sicht, rechte Entschlossenheit)
2. Ethisches Verhalten (rechtes Reden, rechtes Handeln, rechter Lebensunterhalt)
3. Meditation (rechtes Bemühen, rechte Aufmerksamkeit, rechte Konzentration)

in Form von Selbstaufgabe, Mit*leid* oder selbstloser Aufopferung (wir erinnern uns an den von Buddha eingeschlagenen Mittleren Weg), sondern im Sinn der Aufgabe einer übertriebenen Ichbezogenheit. Lassen Sie mich ein Beispiel dazu anführen: Nach Beendigung meines Fulltime-Jobs fiel mir erstmals auf, dass ich – ohne es zu ahnen – die ganze Zeit über ein ziemlich egozentrisches Verhalten an den Tag gelegt hatte. Ich häufte viel Kram bei mir an, vergaß aber immer häufiger, mich bei meinen Freunden zu melden. In dieser Zeit sagte ich Treffen ab, weil ich stattdessen Überstunden machte, und ich besuchte meine Eltern immer seltener, mit der Begründung, ich hätte keine Zeit mehr. Erst durch meine Entrümpelungsaktion wurde mir schlagartig klar, was wirklich zu kurz kam, nämlich meine sozialen Beziehungen.

Buddha lehrt das große Mitgefühl, weil – so seine Erkenntnis – materieller Wohlstand und technischer Fortschritt zwar manches Problem löst, aber neue Probleme schafft. Beziehungen zu anderen jedoch tragen langfristig zur wahren Zufriedenheit bei. Der Gier, Aggression und Verblendung können wir nur entgegenwirken, wenn wir aufhören, nur an uns selbst zu denken und uns so furchtbar wichtig zu nehmen.

„Hilf anderen", sagt Buddha, „und falls dies nicht möglich ist, füge wenigstens niemandem Schaden zu." Im übertragenen Sinn ist damit auch übermäßiger und unüberlegter Konsum gemeint. Wenn ich beginne, mehr Interesse für meine Mitmenschen und meine Umwelt zu entwickeln, werde ich im Alltag automatisch aufmerksamer und darum bemüht sein, nachhaltiger zu leben. Ich werde zum Beispiel nicht mehr grundlos shoppen gehen, wenn ich weiß, dass in einem anderen Teil der Welt Kinderhände mein 5-Euro-T-Shirt nähen. Ich werde auch beim nächsten Einkauf von Lebensmitteln überlegter sein, damit ich nicht zu viel kaufe, um das meiste anschließend in die Mülltonne zu werfen, während woanders Menschen hungern müssen. Mitgefühl geht bei jedem Einzelnen los und schließt am Ende alles und alle mit ein.

Wenn es so einfach ist, warum verdrängen wir diese simple Tatsache und stürzen uns jedes Mal erneut ins Unglück? Sind wir im Inneren doch alle nur Egoisten und am Ende doch nur uns selbst die Nächsten? Weil wir vergesslich sind, meint der Dalai Lama. Wir verschwenden unsere Zeit oft mit unbedeutenden Dingen und lenken uns dabei vom Wesentlichen ab. Wir müssen die Ursachen – die drei Geistesgifte: Anhaften, Zorn und Verblendung – erkennen, diese Bedürfnisse und negativen Gefühle loslassen und dabei stets den Mittleren Weg einschlagen. Deshalb betont der Dalai Lama auch die Konzentration auf geistige Qualitäten. Wir müssen achtsam sein gegenüber uns selbst, unseren Mitmenschen und der Umwelt.

Achtsamkeit und Meditation

Achtsamkeit ist heute fast schon ein Modewort. Nicht ohne Grund. Achtsamkeit hält Einzug in unsere Gesellschaft und wird mittlerweile überall praktiziert: im Sport, in Schulen, in psychologischen Therapien, in Kliniken und bei den Freizeitbeschäftigungen. Wir denken da an die (ursprünglich aus der hinduistischen Tradition stammenden) Yogaübungen, die mittlerweile zum Breitensport avanciert sind, an Tai-Chi, MBSR oder autogenes Training. Achtsamkeit ist jedoch nicht nur eine Methode, sondern auch eine innere Haltung. Mithilfe der Achtsamkeit erkennen wir die Einheit und Verbundenheit aller Dinge um uns herum immer deutlicher. Wir unterscheiden nicht mehr, sondern entdecken die Abhängigkeit der Dinge voneinander. Das Geschehen um uns herum ist uns nicht gleichgültig, vielmehr können wir mit bewusstem Handeln Einfluss auf bestimmte Dinge nehmen. Mit Achtsamkeit lenken wir unseren Blick auf das Wesentliche. Alte eingefahrene Denkmuster, Automatismen und lästige Gewohnheiten können auf diese Weise erkannt und neu hinterfragt werden. Mithilfe von Achtsamkeitsübungen nehmen wir unsere Umwelt und unsere Denkvorgänge bewusst wahr. Dabei bemühen wir uns, unvoreingenommen und (vor)urteilsfrei zu sein.

Nicht ohne Grund bezeichnet Buddha die Meditation als einen der drei wichtigsten Wege zur Befreiung von Unzufriedenheit. Die Meditation unterstützt uns dabei, Achtsamkeit im Alltag bewusst zu üben: durch Innehalten, Verweilen und den Geist Fokussieren. Dabei kann das Objekt der Meditation unterschiedlich gewählt sein: Entweder liegt die Konzentration auf dem Atem, den Gedanken, dem Körper oder einer bestimmten Sache (im MBSR ist es die sogenannte Body-Scan-Methode). Schon zehn Minuten am Tag genügen, um langfristig einen positiven Effekt zu erzielen. Entweder man zieht sich zum Meditieren bewusst zurück oder integriert die Praxis der Achtsamkeit in seine alltäglichen Handlungen.

Info

Meditation – die Grundlagen

Es gibt verschiedene Formen der Meditation. Man unterscheidet zwischen „formeller" und „informeller" Übung der Versenkungspraxis.

Formelle Übung

Formelle Übungen laufen nach einem bestimmten Muster ab. Sie werden bewusst, regelmäßig und nach einer festen Form praktiziert. Sie dienen der Geistessammlung und der Einkehr zur Ruhe. Ob Sie bei der formellen Übung liegen, gehen oder im Schneidersitz hocken – entscheiden Sie selbst, welche Haltung die Ihnen bequemste ist. Wenn Sie im Sitzen meditieren möchten, dann achten Sie auf Folgendes: Die Augen sind geschlossen, der Kopf ist leicht nach unten gesenkt und die Nase nach vorne gerichtet. Die Arme hängen locker herunter und liegen eng am Körper. Dabei können die Hände ineinandergelegt und zum Bauchnabel geführt oder einfach nur auf den Knien abgelegt werden. Die Beine sind entspannt und an den Körper herangezogen. Anfänger können sich Kissen zur Unterstützung dazunehmen.

Informelle Übung

Meditation muss aber nicht auf einem Yogakissen stattfinden, sondern kann in den Alltag mit eingeflochten werden. Dann spricht man von einer „informellen Übung", die vor allem eine alltägliche Achtsamkeitspraxis ist. Gerade für Workaholics und Vielbeschäftigte, die keine zusätzliche Meditationsstunde in ihren sowieso schon prallvollen Terminkalender quetschen können, eignet sich diese Mini-Kontemplation hervorragend: Dabei werden alltägliche, automatisch stattfindende und gewöhnliche Handlungen wieder bewusst wahrgenommen. Aus dem nächsten Abwasch, dem Warten in der Supermarktschlange, Staubsaugen oder Kaffeeaufgießen werden kleine Erholungsinseln, die wieder für mehr Entspannung und Gelassenheit im Alltag sorgen. Wichtig ist: Seien Sie in dem Moment klar bei der Sache und verbannen Sie jegliche Grübelei. Konzentrieren Sie sich auf jedes kleinste Detail, verlangsamen Sie die Handlung, wenn möglich, und tun Sie eine Sache nach der anderen. So machen Sie aus jeder lästigen Aufgabe im Alltag ein kontemplatives Erlebnis.

Was für ein Affentheater!

Wenn Sie mit dem Meditieren begonnen haben oder bereits mit der Meditationspraxis vertraut sind, wundern Sie sich nicht über Ihren *Monkey Mind*, eine gern verwendete Metapher im Buddhismus. Unsere Gedanken ähneln dabei einem kleinen Äffchen, das ruhelos von Ast zu Ast springt. Erst mit einer Ablenkung, etwa einer Banane, bringt man das Tier zur Ruhe. Genau so ist es mit unserem unsteten Geist: Wir haben Mühe, unsere Aufmerksamkeit auf eine bestimmte Sache zu fokussieren. Ständig lassen wir uns ablenken. Die Konzentration auf den Augenblick scheint unmöglich zu sein. Doch mithilfe bestimmter Techniken der Fokussierung auf eine bestimmte Sache (etwa auf den Atemverlauf, auf ein bestimmtes Thema, beim Scannen des eigenen Körpers oder durch das Visualisieren bestimmter Bilder) kann man eine Beruhigung des Geistes und die Sammlung der Gedanken bewirken. Mit der Zeit gelingt es immer besser! Die nachhaltige Wirkung der Meditation, wie anfangs bereits erwähnt, wurde mithilfe neurowissenschaftlicher Hirnscans und bildgebender

Info

Meditation und Gehirnleistung

Dass sich Meditation positiv auf unser Leben auswirkt, belegen heute auch neueste neurowissenschaftliche Erkenntnisse. Während der Meditation verändern sich neuronale Verbindungen im Gehirn, Nervenbahnen strukturieren sich neu und können um das 100-Fache wachsen, und das nicht nur bei Jugendlichen, sondern auch bei Menschen höheren Alters. Bestimmte Fähigkeiten können besser erlernt und neue Dinge schneller erfasst werden. Die Konzentrationsfähigkeit nimmt zu, und gleichzeitig übt sich der Proband in Gelassenheit, Stressreduktion und Konzentration. Durch die Achtsamkeit gegenüber der Umwelt kann sogar die Fähigkeit der Empathie entwickelt und vertieft werden, wie MRT-Messungen ergeben haben.

Verfahren mit fMRT nun auch objektiv bestätigt. Die Ergebnisse der Studien unterstreichen die dabei erzielten positiven Effekte wie Stressreduktion, größere Gelassenheit, aber auch stärker ausgeprägtes Mitgefühl und eine bessere Selbstwahrnehmung.

Einfach loslassen

Mit Achtsamkeit nehmen wir uns die Zeit zu fragen, warum etwas so oder anders läuft. Das sind wesentliche Gedanken, für die wir jedoch im stressigen Alltag oft einfach keine Zeit mehr haben. Dabei müssen die Dinge nicht bleiben, wie sie sind. Wir können Einfluss auf sie nehmen, Gewohnheiten ändern, Situationen lenken und neue Wege einschlagen. Schon allein aktives Loslassen ist ein wichtiger Schritt mit großer Wirkung. Loslassen ist das Gegenteil von Konsumieren und Anhäufen von Dingen. Doch warum fällt uns das so schwer? Loslassen löst instinktiv einen Abwehrmechanismus in uns aus. Und obwohl wir mit einer momentanen Situation unzufrieden sind und unbedingt etwas ändern möchten, haften wir weiterhin den alten Gegebenheiten an – aus Angst vor Veränderung. Wir müssten dafür schließlich unsere Komfortzone verlassen und wissen gar nicht, was auf uns zukommt. Doch loslassen heißt nicht aufgeben, sondern weiterentwickeln. Wie wollen wir sonst neue Erfahrungen sammeln, wenn alles immer beim Alten bleibt? Alles ist vergänglich – also stellen wir uns der Tatsache und lernen früh genug loszulassen.

Veränderung tut gut! Dabei ergeben sich neue Chancen, von denen Sie heute noch gar nichts ahnen können. Überlegen Sie doch mal: Was verlieren Sie schlimmstenfalls, wenn Sie die eine oder andere – oftmals lästige – Sache einfach aus Ihrem Leben verbannen? Sei es die blöde Gewohnheit, sich ständig Pizza zu bestellen, anstatt selbst zu kochen, oder stundenlang im Internet zu surfen, anstatt Sport zu treiben usw. Kommen Sie in Bewegung und lassen Sie los! Werfen Sie dabei nach und nach Ballast ab, aber lassen Sie sich nicht von Stolperfallen irritieren! Das Leben ist ein Labyrinth, und wenn Sie einmal vor einer verschlossenen Tür stehen, verzagen Sie nicht gleich. Die nächste Tür wird sich schon bald von alleine öffnen. In der Zwischenzeit entrümpeln Sie Ihren Alltag, damit sich Ihr Weg nicht allzu holprig gestaltet.

Mit bewusstem Loslassen kommen Sie Ihrem Glück gleich ein kleines Stück näher. Wie das? Wenn Sie Ihr Leben allmählich aufräumen, gewinnen Sie Klarheit und schaffen Platz für die wirklich wichtigen Dinge im Leben. In einem stressigen, hektischen und streng getakteten Alltag übersehen Sie die schönen Momente im Leben: Doch das Glück ist überall! Mit der Praxis der Achtsamkeit lernen Sie die kleinen Glücksmomente (wieder) wahrzunehmen und warten nicht mehr auf das „große Etwas".

Also fangen Sie heute noch an. Lassen Sie Veränderung zu, nutzen Sie deren Schwungkraft und räumen Sie auf mit Buddha!

BUDDHA RÄUMT AUF

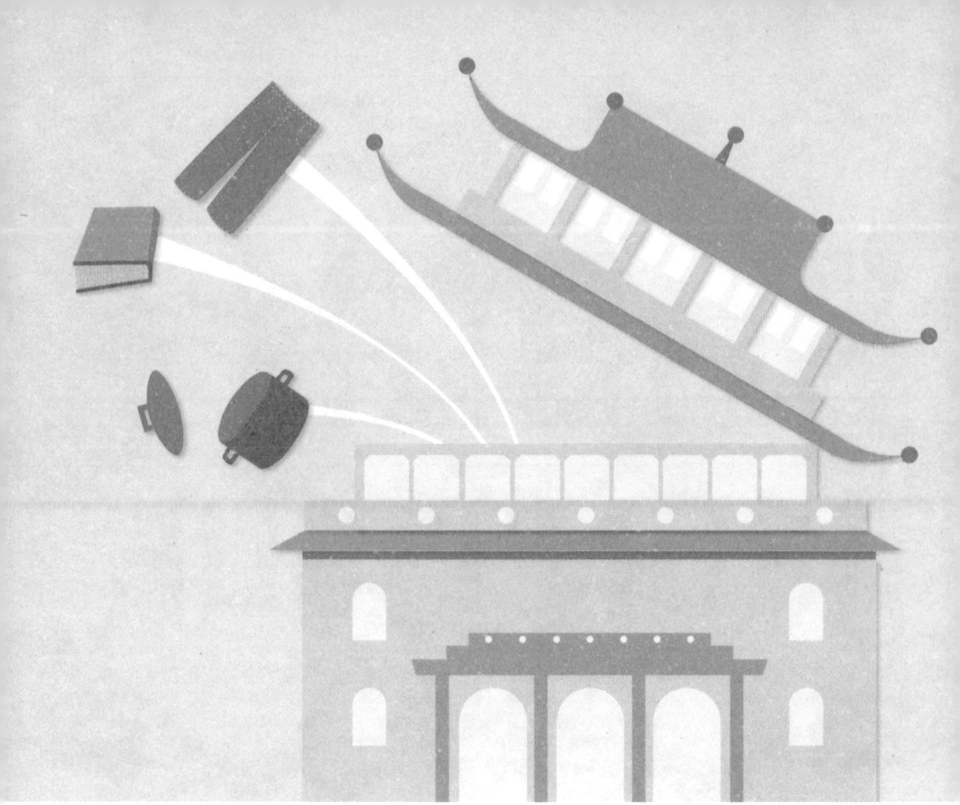

MIT BUDDHA DIE WOHNUNG AUSMISTEN

Loslassen nach Buddhas Art lässt sich als minimalistische Wohnungslehre interpretieren. Äußere Ordnung sorgt für innere Klarheit. Das Prinzip „Weniger ist mehr“ gilt vor allem für die eigenen vier Wände. „Eine freundliche Atmosphäre im eigenen Haus ist die beste Grundlage für das Leben“, sagt der Dalai Lama. Greifen Sie zu Besen und Putzeimer, es geht los! Jetzt wird ausgemistet!

Unser Zuhause – ein Spiegelbild unserer Seele

Ob Sie sich nun fühlen wollen wie im Urlaub oder einfach nur etwas Platz schaffen möchten, mit Buddha als Aufräumprofi an Ihrer Seite krempeln Sie Ihr Leben positiv und dauerhaft um. Wo Sie am besten anfangen, ist klar – da, wo Sie sich (hoffentlich) am häufigsten aufhalten: in Ihrer Wohnung. Wenn dies nicht der Fall ist, machen Sie sich keine Sorgen. Spätestens nach der Lektüre dieses Buchs haben Sie mit Buddhas Hilfe wirklich gründlich aufgeräumt, sodass Sie am Ende wieder mehr Zeit in ihren eigenen vier Wänden verbringen können.

„Die Wohnung ist ein Spiegelbild Ihrer Seele", tönt es aus Richtung Fernost. Wir wohnen, wie wir sind. Wie ist denn Ihre Wohnung? Lassen Sie uns einen kleinen Rundgang wagen (hoffentlich ohne große Stolperfallen!). Wie viele Zimmer haben Sie? Wie sind diese ausgestattet? Sind sie übersichtlich aufgeräumt oder eher vollgestellt? Wie sehen Sie das? Wann fand die letzte Generalüberholung statt? Wann haben Sie das letzte Mal ausgemistet, renoviert oder sind umgezogen? Besitzen Sie noch alte Schulhefte? Wie viele Fernsehgeräte, Computer, Stereoanlagen stehen bei Ihnen herum? Wie viele Handys, Schuhe und Taschen schwirren umher? Haben Sie irgendeinen Sammeltick? Können Sie grob schätzen, wie viele Dinge Sie besitzen? Freuen Sie sich oft über Besuch, oder benutzen Sie einige Zimmer nur noch als Rumpelkammern? Haben Sie das Gefühl, mittlerweile zahllose Gegenstände angehäuft zu haben und in diesem Sumpf zu versinken? Quillt Ihr Kleiderschrank über? Suchen Sie oft nach Sachen, die Sie verlegt haben und womöglich nie mehr wiederfinden werden?

Spätestens, wenn Sie mit dem Gedanken spielen, sich eine größere Wohnung zuzulegen (oder ein Haus), um dieses Problem zu lösen, muss ich Sie wachrütteln: um Buddhas willen! Meinen Sie das wirklich ernst? Mehr Zimmer für noch mehr Dinge? Die Lösung liegt doch auf der Hand: Es geht nicht darum, mehr Platz zu schaffen für Sachen, die Sie im Lauf Ihres Lebens angehäuft haben, und solche, die Sie voraussichtlich weiter anhäufen werden. Vielleicht haben unsere Eltern das so gemacht. Aber schauen Sie doch mal, was da los ist, im Keller bei Mutti. Wer blickt da noch durch? Mehr Platz für mehr Zeug – das wird nichts! Jemand mit Gewichtsproblemen kann sich entweder weitere Hosen kaufen oder endlich abnehmen. Was ist Ihrer Meinung nach die gesündere Variante?

Das Zumüllen Ihrer Wohnung ist für Sie ebenso ungesund. Es schadet Körper und Geist. „Loslassen" heißt das Zauberwort! Ballast abwerfen, entrümpeln, ausmisten, und das am besten noch heute. Es fühlt sich an wie abnehmen, „wiedergeboren" werden, oder bleiben wir doch bei unserem Urlaubsbeispiel: Sie fühlen sich danach wie im Urlaub. Oder verreisen Sie etwa nicht gerne? Das tolle Urlaubspanorama, die freie Zeit, die sauberen Zimmer und das leckere Essen … Wer kann da widerstehen? Holen Sie sich den Urlaub nach Hause, indem Sie sich von all Ihrem überflüssigen Kram trennen!

Wissen und Handeln

Einfach loslegen! Viele Menschen tun sich genau dabei schwer. Sie haben Angst vor diesem Schritt. Darüber sprechen ist das eine, tatsächlich umsetzen ist das andere. „Jaja, Sie haben gut reden", denken Sie. Viel zu groß ist mittlerweile der Berg, der vor Ihnen liegt. Wo soll man anfangen? Wie geht man an die Sache heran und vor allem wie hält man das Ganze durch?

Ich will Ihnen Mut machen! Ausmisten und Loslassen bauen auf zwei wesentlichen Grundlagen auf: Die eine ist das Wissen darüber, die andere das tatsächliche Handeln. Nicht umsonst haben

Tipp

Mit den richtigen Fragen zum Mehr-Ballast-Abwerfen

- Wenn ich in den Urlaub ginge, was nähme ich mit?
- Wenn ich nur noch ein Zimmer hätte, was bräuchte ich dringend?
- Wenn es plötzlich anfinge zu brennen, was müsste ich unbedingt retten?

wir Buddha zur Unterstützung herangezogen. Wenn Sie die Vier Edlen Wahrheiten verinnerlichen und das Prinzip des Loslassens verstehen konnten, haben Sie mit dem Wissen bereits die erste Grundlage geschaffen. Die andere, die praktische Umsetzung, das tatsächliche Loslegen, das Vollstopfen zahlreicher Müllsäcke, lässt sich zur Not mithilfe der besten Freundin, des Bruders oder des Nachbarn gut umsetzen. Suchen Sie sich aber jemanden, der Sie bei der Aktion richtig gut anspornen kann und nicht selbst bei jedem einzelnen Gegenstand sentimental wird. Wichtig ist, dass Sie dranbleiben und das Ziel nicht aus den Augen verlieren.

So schön die vielen Objekte auch sind: Buddha sagt, dass es Äußerlichkeiten sind, die kein dauerhaftes Wohlbefinden fördern. Schauen Sie sich doch mal um: all die Möbel, Bücher und Fotos um Sie herum … Sie erinnern Sie an alte Zeiten, an bestimmte Personen, Ereignisse und Momente. Sie haften daran und können das Vergangene nicht loslassen. Wie wollen Sie da Platz für Neues schaffen, einen klaren Gedanken fassen und zur Ruhe kommen, wenn Sie ständig mit Ihrer Vergangenheit konfrontiert werden?! Auf diese Weise werden Sie anstehende Projekte und aktuelle Aufgaben nicht effizient erledigen können. Denken Sie noch mal an das Urlaubszimmer: Hier erinnert Sie nichts an Ihre Vergangenheit, und Unterlagenstapel mit unerledigten Aufgaben werden Sie hier auch nicht finden. Ihrem Erlebnisdrang und Aktionsbedürfnis steht nichts im Weg. Sie haben einen freien Kopf für andere Dinge, etwa um Zeit mit Freunden zu verbringen, etwas Neues zu lernen oder sich völlig zu entspannen. In der Realität jedoch sind Sie wie gelähmt und gefesselt. Sie fühlen sich im wahrsten Sinn des Wortes „ausgebremst" und es kostet Sie große Überwindung, endlich loszulassen. Solange Sie dies nicht tun, werden Sie auch nicht vorankommen. Festhalten bedeutet Stillstand. Und: „Wer loslässt, hat zwei Hände frei!", heißt es. Nur der Moment zählt, also richten Sie Ihre Aufmerksamkeit auf die Gegenwart und stellen Sie sich der aktuellen Herausforderung.

Die Erkenntnis dieser Tatsache ist schon mal ein Schritt in die richtige Richtung. Manche Menschen erkennen sie gar nicht erst. Sie sehen das eigentliche Problem nicht und können die Ursache ihrer ständigen Unzufriedenheit nicht finden. Sie haften an ihren Besitztümern und bilden sich ein, nur mit materiellem Wohlstand, äußeren Statussymbolen und sichtbaren Reichtümern glücklich zu sein. Dabei treibt viele von ihnen eine innere Unruhe um. Sobald sie ein Wunschobjekt erworben haben, streben sie schon wieder nach dem nächsten. Oftmals bleiben dabei andere Qualitäten auf der Strecke. Deshalb misst Buddha der inneren Erfüllung so großen Wert bei. Dazu gelangt man hauptsächlich durch Meditation, Achtsamkeit und Mitgefühl. Anderen Menschen Aufmerksamkeit schenken, ihnen zuhören, eine Freude bereiten oder einfach nur für sie da sein – das sind die wahren Glücklichmacher. Spätestens wenn Sie Ihren Nachbarn um Hilfe beim Ausmisten bitten, spüren Sie, wie gut es tut, jemanden dazuhaben, der mit anpackt.

Vier Edle Kisten

Also lassen Sie endlich den überflüssigen materiellen Schnickschnack los und fangen Sie wirklich an zu leben. Keine Angst:

Sie müssen nicht gleich alles in die Mülltonne kippen! Doch gerade auf dem Gebiet des Loslassens können Sie Mitgefühl und Achtsamkeit wunderbar üben. Teilen Sie Ihr Hab und Gut in vier Kategorien ein: „Vier Edle Wahrheiten" und „Vier Edle Kisten" – ganz einfach. Holen Sie sich vier alte Umzugskartons oder gleich große, stabile Behälter aus dem Keller und nummerieren Sie diese von eins bis vier. Sie können den Kisten auch lustige Bezeichnungen geben. Zum Beispiel: 1 = Hiergeblieben! 2 = Bleib, aber sei ruhig! 3 = Für alle da draußen! 4 = Bloß weg damit!

1. In die **erste Kiste** packen Sie die wirklich wichtigen, aktuellen, alltäglich in Gebrauch befindlichen und notwendigen Gegenstände (Unterlagen, Laptop, Tischlampe, Kugelschreiber, Aufladegerät, Wasserkocher usw.).
2. In die **zweite Kiste** kommen die Dinge, die Sie nicht jeden Tag benutzen, aber behalten, archivieren und aufheben müssen (Zeugnisse, Mietvertrag, laufende Versicherungen, Schuhcreme, externe Festplatte usw.).
3. In der **dritten Kiste** landen schließlich die Sachen, die weder in der ersten noch in der zweiten Box dauerhaft Platz finden. Sie sind zwar noch voll funktionsfähig, waren bei Ihnen aber schon länger nicht in Gebrauch – und werden vermutlich auch in Zukunft nur ein Dasein als Staubfänger fristen. Diese Dinge sind zu schade zum Wegwerfen und werden stattdessen verkauft, verschenkt und weggegeben (alte Jacketts, Bücher, Hüte, DVDs, alte Handys, der Toaster, überflüssiges Geschirr, Möbelstücke usw.).
4. In die **vierte Kiste** gehören letztlich die Sachen, womit weder Sie noch andere Menschen etwas anfangen können. Sie stehen nur im Weg, sind beschädigt, haben ausgedient und erfüllen ihren Zweck nicht mehr (alter Kassettenrekorder, Porzellanfiguren, verbogenes Besteck, durchgesessene Möbel, ausgewaschene T-Shirts usw.). Der Inhalt dieser Kiste gehört ausnahmslos auf den Müll – und das so schnell wie möglich!

Sobald Sie eine Kiste voll haben, holen Sie sich eine neue dazu (die vierte Kiste können Sie umgehend leeren, und den Inhalt der dritten sollten Sie so schnell wie möglich loswerden). Sperrigere Gegenstände stellen Sie einstweilen neben die jeweilige Kiste und markieren mit einem Post-it, wozu sie gehören. Aber verlieren Sie dabei nie den Überblick! Bilden Sie keine „Zwischenkisten“ und achten Sie auf ein ausgewogenes Verhältnis. Vor allem die dritte Kiste wird Ihnen zusätzliche Arbeit bescheren, denn Sie wollen die Sachen darin ja nun auch an die Frau oder den Mann bringen. Überlegen Sie, wer was bekommen soll (Freundin, eBay, Kleiderspende), und setzen Sie sich unbedingt eine Deadline, bis wann der Inhalt verteilt sein soll. Warten Sie nicht länger als vier Wochen, was dann noch da ist, wandert ebenfalls in den Müll.

Verschaffen Sie sich einen Überblick und schätzen Sie bitte, wie lange Sie ungefähr pro Zimmer brauchen werden. Benutzen Sie die auf der rechten Seite stehende Tabelle als Vorlage. Notieren Sie, was sich in etwa in den einzelnen Räumen befindet, wann Sie jeweils damit anfangen und – noch wichtiger! – zu welchem Zeitpunkt Sie damit fertig werden wollen. Haken Sie das entsprechende Feld nach getaner Arbeit ab.

Geben Sie Ihrer Liste eine knackige Überschrift, so etwas wie „Projekt Hausputz mit Buddha 2015“, und hängen Sie diese sichtbar an Ihre Pinnwand. Damit haben Sie auch gleich die erste Fläche angepeilt, die Sie hoffentlich immer wiederfinden können. Entfernen Sie alle Notizzettel, die Ihre Pinnwand unter sich begraben, und lassen Sie nur noch aktuelle Infos hängen. Ihre Pinnwand ist eine Art Prototyp der Kiste 1. Visitenkarten, Telefonlisten und alte Rechnungen sind demnach Stoff für die zweite Kiste – also ab ins Archiv, das heißt in einen Ordner oder ordentlich abgeschrieben in Ihren aktuellen Notizkalender.

Und so gehen Sie Schritt für Schritt, von Zimmer zu Zimmer durch Ihre Wohnung, bis bald nichts mehr im Weg liegt. Prüfen

Zimmer (Fläche)	Möbel	Dauer	Fertig von ... bis	Geschafft (abhaken)
Schlafzimmer (20qm)	Doppelbett, Kleiderschrank, Kommode, Bücherregal, Bügelbrett, zwei Stühle mit großem Haufen an Kleidung	1 Tag	Vom 29. bis 30. April	☺
Küche (15qm)	Esstisch, 4 Stühle, große Schrankwand, Vitrine, Kühlschrank, kleines Abstellregal	2 Tage	Vom 3. bis 5. Mai	☺
...				

Sie jedes noch so kleine Teil auf seine Brauchbarkeit hin. Fragen Sie sich immer wieder: Brauche ich es? Habe ich es schon? Ist es auf dem aktuellen Stand? Erleichtert es mir mein Leben? Macht es mich happy? Muss ich es unbedingt behalten? Würde es mir fehlen, wenn ich es aussortiere, und wenn ja, warum?

Wie gesagt, ob Tagesaufgabe oder Großprojekt, ob Sie dafür ein Wochenende oder ganze Urlaubswochen opfern: Sie tun sich mit der Aktion einen großen Gefallen, dessen Folgen Sie heute noch gar nicht erahnen können. Ich verrate Ihnen nur eins: Auf Sie wartet ein großartiges, aktives, spontanes und glückliches Leben, vergleichbar mit anhaltendem Urlaubsfeeling. Mit Buddhas Hilfe erkennen Sie nicht nur die Ursachen für Ihre aktuelle Unzufriedenheit, Sie werden auch achtsamer und präsenter sein.

Und vor allem werden Sie mehr Zeit für die wesentlichen Dinge finden, die mehr Lebensqualität und wahres Glück bewirken.

Kleiner Tipp: Anfangs werden Sie versuchen, die ersten zwei Kisten mit allem vollzustopfen, was Sie finden, während in den letzten beiden vermutlich gähnende Leere herrscht. Achten Sie deshalb auf eine ausgewogene Mischung! Verteilen Sie Ihr Hab und Gut auf vier gleichmäßig große Bereiche und bringen Sie somit Ihren Haushalt in ein natürliches Gleichgewicht.

Manche Entrümplungsratgeber empfehlen, man solle transparente Kunststoffcontainer verwenden, um bereits von außen erkennen zu können, was drinsteckt. So müsse man nicht lange nach Gegenständen suchen und die Sachen seien schnell zur Hand. Dieser Tipp macht aber nur dann Sinn, wenn Sie wirklich sehr viel besitzen und die durchsichtigen Kisten so verstauen können, dass Sie sie nicht jeden Tag vor Augen haben. Denn es kann belastend auf Sie wirken, wenn Sie ständig darauf blicken und mit dem Inhalt der vollgestopften Kisten konfrontiert werden. Wählen Sie besser eine undurchsichtige, einfarbige (helle) und nicht allzu grelle Variante und versuchen Sie lieber, weniger Sachen hineinzufüllen, sodass Sie von vornherein wissen, was sich darin befindet. Ich habe Ihnen zu Beginn erzählt, dass ich die Anzahl meiner Besitztümer von 10 000 auf 300 herunterrationalisiert habe. Dabei bin ich Schritt für Schritt vorgegangen. Begonnen habe ich mit einer Schublade, dann nahm ich mir die einzelnen Ordner vor, später die Regale, und irgendwann war das Zimmer schließlich leer. Alles auf einmal auszusortieren, ist vielleicht wirklich zu radikal und zu schmerzhaft. Machen Sie lieber kleine Schritte und stellen Sie nach jeder Ausmistaktion fest, dass immer noch mehr weg kann.

Dass ich am Ende tatsächlich nur so wenige Sachen benötige, hätte ich nie erwartet. Und selbst die letzten 300 Teile müssen eine tägliche Prüfung auf ihre Brauchbarkeit hin über sich ergehen lassen.

Ordnung halten

Hat man nach dem erfolgreichen Ausmisten irgendwann seine persönliche „Wohlfühlmenge“ erreicht, gilt es, diese Ordnung dann auch zu halten. Ein paar simple Regeln können dabei helfen. Achten Sie zum Beispiel darauf, dass fortan jeder Gegenstand im Haushalt seinen festen Platz hat. Nach dem Benutzen einer Schere etwa legen Sie diese unverzüglich zurück in die betreffende Schublade. Nehmen Sie sich diese fünf Sekunden, um dauerhaft keine Zeit mehr mit Großaufräumaktionen zu vergeuden. Und lassen Sie erst etwas Neues ins Haus, wenn das Alte ausgedient hat. Bevor Sie zum Kauf schreiten, suchen Sie lieber immer zuerst nach einer kostenlosen oder günstigen Alternative – zum Beispiel reparieren, tauschen oder leihen. Erst wenn sich wirklich nichts davon umsetzen lässt, besorgen Sie sich den jeweiligen Gegenstand. Achten Sie auf Qualität anstatt auf Quantität oder Preis, damit sie möglichst lange etwas von Ihrer Neuerwerbung haben. Wollen Sie sich ein bestimmtes Ding zulegen und es geht Ihnen der Wunsch danach unaufhörlich durch den Kopf, versuchen Sie Abstand zu gewinnen. Man sollte das „Objekt seiner Begierde“ erst einmal auf eine Warteliste setzen und eine Nacht darüber schlafen. Damit vermeidet man spontane Fehlkäufe und überprüft so die Dinge auf ihre tatsächliche Notwendigkeit. Bei mir landen beispielsweise ständig Artikel in Online-Warenkörben. Ich warte bis zu einem Monat, bis ich mich zum Kauf oder eben dagegen entscheide. Manchmal vergesse ich, was da alles drinliegt, und erfahre so, wie wichtig der Gegenstand tatsächlich für mich ist.

Einkaufsstraßen sollten Sie generell meiden. Bummeln Sie aber auch so gerne einfach durch die Innenstadt wie ich, dann lassen Sie künftig Ihre EC-Karte zu Hause. Aber stecken Sie ein paar Euro für die Kaffeepause zwischendurch ein, dann macht das Flanieren erst richtig Spaß. Gehen Sie nie hungrig los und versuchen Sie, die Objekte auch mal aus dem künstlerischen

Tipp

Wie Sie doppelte Arbeit vermeiden

Bei meiner ersten Ausmistaktion beging ich einen gravierenden Fehler! Viele meiner aussortierten Sachen, die ich eigentlich hätte fortwerfen sollen, packte ich in Kartons und brachte sie meinen Eltern. Meine Mutter versprach mir, die Dinge weiterzugeben, wenn sie nichts damit würde anfangen können. Doch in Wirklichkeit müllte ich das Haus meiner Eltern mit meinem Kram zu. Eltern bringen es einfach nicht über das Herz, Sachen Ihrer Kinder wegzuschmeißen. Sie hängen noch viel intensiver an den Dingen, als man es selbst tut, weil sie diese mit starken Emotionen aufladen. Als ich das bemerkte, musste ich schweren Herzens meine Eltern von der Notwendigkeit überzeugen, die Sachen wieder auszusortieren. Überall im Haus war mein Zeug verstreut. Ich machte mir damit doppelte Arbeit und musste alles ein zweites Mal in die Hand nehmen und durchsehen.

Blickwinkel zu betrachten, nach dem Motto: Der Laden ist ein Museum für kreatives Design. Bei vielen Dingen muss man sich immer wieder bewusst machen, unter welchen Herstellungsbedingungen der Preis oder die Qualität des Produkts womöglich entstanden ist. Seien Sie stets kritisch und gehen Sie besser immer mit einer Einkaufsliste los. So haben Sie klar vor Augen, wonach Sie wirklich suchen – und warum Sie überhaupt losgegangen sind.

Zu guter Letzt: Lernen Sie, Nein zu sagen! Gerade Ladengeschäfte locken gerne mit verführerischen Angeboten, Schnäppchen und Rabatten. In diesem Zusammenhang können Sie auch Ihre eigenen Einkaufsgewohnheiten insgesamt überdenken (Warum kaufe ich?).

Ich vermisse übrigens bis heute keinen der aussortierten Gegenstände – im Gegenteil! Ohne die vielen Dinge um mich herum fühle ich mich befreit und erleichtert. Ich kann mich nicht einmal mehr erinnern, was das alles war, das ich jahrelang mit mir herumgeschleppt habe. Fällt mir dann aber doch irgendeine Sache ein, erinnere ich mich kurz daran, freue mich über die damals schöne Zeit damit, lasse aber gedanklich gleich wieder los. Heute habe ich umso mehr schöne Momente, auf die ich mich voll und ganz konzentrieren kann, ohne von anderen (vergangenen) Dingen abgelenkt zu werden. Ich gehe beispielsweise viel häufiger joggen und schaffe es sogar, schon morgens eine kleine Runde zu drehen. Außerdem kann ich es einrichten, mir nachmittags wirklich mal ein paar Minuten Zeit zum Teetrinken zu nehmen und dabei aus dem Fenster zu schauen, ohne mich dabei von anderen Dingen ablenken zu lassen. Diese „Erholungsinseln", über den Tag verteilt, helfen enorm, zwischendrin das Tempo zu drosseln, kurz durchzuatmen und sich bewusst zu werden, wie zufrieden man doch ist.

Tatort Kleiderschrank

Gestehen Sie: Wie viele „Kleiderleichen" haben Sie in Ihrem Kleiderschrank? Müssen es tatsächlich drei Wintermäntel, acht Jeans und 17 Paar Schuhe sein? Wann haben Sie das letzte Mal Ihre Socken sortiert? Gibt es bei jedem noch den dazugehörigen zweiten? Wie viele Krawatten, Tücher, Gürtel, Taschen und Mützen fliegen herum? Ganz ehrlich, Sätze wie „Das Kleid passt zwar nicht mehr, aber es erinnert mich an den tollen Sommer von vor zehn Jahren. Da hungere ich mich irgendwann wieder rein" demotivieren und ketten Sie an längst vergangene Zeiten. Misten Sie Ihren Kleiderschrank aus und machen Sie Platz für Neues, damit der kommende Sommer eine Chance bekommt, ebenso unvergesslich zu werden.

Tipp

Damit können Sie sparen – jährlich bis zu 15 000 Euro!

- Klamotten tauschen, statt sie neu zu kaufen (Ersparnis ca. 50 € im Monat)
- Selbst kochen statt essen gehen (ca. 5 €/Mahlzeit)
- Weniger Fleisch essen (spart bis zu 500 € im Jahr und verringert den CO_2-Ausstoß)
- Mit dem Rad fahren, statt das Auto zu nehmen (ca. 300 € im Monat)
- Videoabende statt Kino (ca. 10 € p. P.)
- Bücher, Zeitschriften, CDs, DVDs ausleihen statt kaufen (ca. 30 € im Monat)
- Standby-Geräte ausschalten (400 kWh sparen, d. h. 120 € im Jahr)
- Freunde um Hilfe bitten, statt einen Dienstleistungsservice zu beauftragen (20 bis 300 € pro Auftrag und ca. einmal selbst mit anpacken)
- Reparieren statt neu kaufen (ca. 40 € pro Teil)
- Campen und Wandern statt Fernreisen (ca. 2000 € p. P. und einen Mückenstich)
- Kleinere Wohnung statt Riesenloft (500 € im Monat)

Mein persönlicher Tipp: Ich habe irgendwann bemerkt, dass ich jeden Morgen bis zu einer halben Stunde Zeit verlor, weil ich überfordert vor meinem Kleiderschrank stand und nicht wusste, was ich anziehen sollte. Entweder passten die Sachen nicht zusammen, oder ich passte nicht mehr hinein. Dann gab es Teile von einzigartigem Wert. Die liegen dann lange im Schrank herum und warten auf ihren besonderen Einsatz. Paradoxerweise zieht man seine Lieblingsteile am seltensten an – um sie zu schonen. Genauso verhält es sich übrigens auch mit teurem Parfüm, Silberbesteck, wertvollem Geschirr, schöner Bettwäsche und besonderen Nahrungsmitteln. Sein ganzes Leben lang findet man sich mit dem Durchschnitt ab, wartet auf den herausragenden Moment, während die besonderen Dinge im Schrank verstauben. Aber warum nur?

Entscheiden Sie sich also lieber für weniger, aber dafür qualitativ hochwertige Sachen – solche, die mehr als drei Waschgänge aushalten. Wählen Sie lieber ein paar tolle Teile aus, worin Sie sich wohlfühlen. Sie brauchen die 15 aussortierten T-Shirts nicht alle zu Sleepshirts umzufunktionieren. Kramen Sie lieber Ihre edle Nachtwäsche aus dem Schrank und verhelfen Sie sich so fortan in jeder Nacht zu besonders gutem Schlaf. Um das Problem mit der großen Auswahl vor dem Kleiderschrank zu lösen, habe ich mich beispielsweise für einfarbige und musterfreie Basics entschieden, die nicht nur dezent sind, sondern neutral und zu allem passen. Und natürlich trage ich jeden Tag nur meine Lieblingsteile, in denen ich mich absolut wohlfühle. Mit den Farben Schwarz, Beige, Grau und Dunkelblau machen Sie nichts falsch. Wenn ich dann mal auf eine Party gehe oder zu einer Hochzeit eingeladen bin, nutze ich Tauschbörsen oder „Kleidereien" (eine Art Bibliothek für Kleider), um mir eine ausgefallene Klamotte zu leihen. Für einmalige Anlässe muss ich die Sachen heute nicht mehr selbst besitzen. Der positive Nebeneffekt ist: Ich komme durch das Kleidertauschen mit netten Menschen in Kontakt. Dieser kollektive Konsum hat einen schönen Gemeinschaftsaspekt, und ich helfe nebenher mit, die Lebensdauer der Produkte zu verlängern – inklusive Ressourcen sparen, Müll vermeiden und das Klima schonen.

Machen Sie es wie im Urlaub: In Ihrem Koffer befinden sich schließlich auch nur ein paar Teile, aber dafür Ihre besten, die Kleider, in denen Sie sich absolut wohlfühlen und sich gerne blicken lassen.

Tipp

Wie Sie Ihre alten Sachen loswerden

- Ebay.de (v. a. Kleidung, Gegenstände, Elektrogeräte)
- Amazon.de (v. a. Bücher, CDs, DVDs)
- Örtliche Stadtbibliothek (Bücher, CDs, DVDs)
- Schulen, öffentliche Bildungseinrichtungen, Altersheime (Spiele, Bücher, Musikinstrumente)
- Momox.de (Bücher, Medien, Elektrogeräte)
- Rebuy.de (Medien, Elektrogeräte, Zubehör, Software)
- Flohmärkte, Secondhand-Läden (Kleidung, Kleinzeug, Sammlungen)
- Moebelboerse.eu (Möbel abgeben, tauschen oder neue finden)
- Gemeinnützige Hilfswerke: Caritas, Stadtmission, Kirchen, Diakonie, Johanniter, Malteser, Rotes Kreuz usw. (hier wird nahezu alles angenommen, was noch in Ordnung ist)

Aber wo bleibt die persönliche Note?

Der Einwand, den ich in diesem Zusammenhang am häufigsten höre, lautet, man wolle doch gar nicht leben wie in einem durchschnittlichen Hotelzimmer. Damit behaupten Sie indirekt, dass ja gerade die vielen persönlichen Gegenstände in Ihrer Wohnung die Person ausmachen, die Sie sind. Ich möchte Sie nicht zu einem Leben überreden, das dem in einem einfachen Hotelzimmer gleicht. Darum geht es nicht. Sie sollen nur nicht ständig durch äußere Umstände von sich abgelenkt werden, auch wenn Sie das vielleicht gar nicht so wahrnehmen. Vieles geschieht auf der Ebene des Unterbewussten. Die Atmosphäre eines Zimmers hat entscheidenden Einfluss auf unser Alltagsverhalten: Ruhe, eine weiße Wand, unifarbene Bettwäsche, ein lautlos gestelltes Handy und aufgeräumte Regale wirken sich beruhigend auf Ihren Gemütszustand aus. Trennen Sie auch unbedingt Ihren Arbeits- vom Erholungsplatz. So können Sie sich besser auf aktuelle Aufgaben konzentrieren, diese schneller abhaken und Ihr Leben enorm vereinfachen. Dadurch erledigen Sie Dinge effizienter und haben am Ende mehr Zeit für die wirklich tollen Sachen. Ihre persönliche Note geht dabei nicht verloren. Im Gegenteil: Mit dem Aufräumen des Außen räumt man in gewissem Sinn auch seine Innenwelt auf und kommt sich selbst dabei ein wenig näher. Außerdem bezweifle ich, dass sich Ihre Identität oder Person an einem Gegenstand, einer Fotocollage oder an Möbelstücken festmachen lässt. Schränken Sie sich auf diese Weise nicht eher ein? Geben Sie sich lieber mehr Raum für weitere Entfaltungsmöglichkeiten und neue Ideen und definieren Sie sich nicht über Gebrauchsgegenstände, Erinnerungsstücke oder andere Äußerlichkeiten. Sie sind mehr als nur die Anhäufung zufällig angesammelter Dinge! Finden Sie Ihren persönlichen Ausdruck nicht im Kleidungsstil, einer Automarke oder der Zimmereinrichtung, sondern lieber in einer schöpferischen Tätigkeit.

Legen Sie noch heute los!

Es ist egal, wie viel Ordnung Sie pro Tag schaffen können, jede Kiste zählt. Fangen Sie im Groben an und arbeiten Sie sich irgendwann bis ins kleinste Detail vor. Sie werden sehen: Aufräumen kann richtig Spaß machen! Jedes noch so kleine Erfolgserlebnis motiviert Sie für den nächsten Schritt. Aber Vorsicht: Auch Ausmisten kann süchtig machen! In einer bestimmten Weise handelt es sich hierbei nämlich ebenfalls um eines der drei Gifte, und zwar um eine Begierde, das heißt: den Wunsch nach „immer mehr" Ordnung. Das kann sogar ins andere Extrem umschlagen – ich habe schon von Minimalisten gehört, die nur noch

40 Dinge besitzen oder ihre Wohnung komplett aufgegeben haben, um fortan nur noch aus dem Rucksack zu leben. Der Mittlere Weg ist daher immer eine Gratwanderung zwischen den Extremen. Entrümpeln Sie Ihre Wohnung lieber Schritt für Schritt.

Die Küche verlangt in der Regel mehr Aufmerksamkeit als das Schlafzimmer. Überall da, wo mehr Kleinzeug herumliegt (Geschirr, Behälter, Töpfe, Besteck, Gewürzdosen etc.) brauchen Sie mehr Zeit zum Sortieren. Ungeliebte Räume, wie Keller, Dachboden oder Garagenschuppen, heben Sie sich für einen späteren Zeitpunkt auf. Nehmen Sie sich zuerst die etwas luftigeren Zimmer vor: WC, Flur, Balkon oder Schlafzimmer.

Kleiner Tipp für Kleinkram: Holen Sie alles aus den Regalen, wischen Sie einmal gründlich durch und stellen Sie nur noch die wenigen Gegenstände wieder hinein, die Sie tatsächlich benutzen: Im Küchenregal sind es zum Beispiel nur einige Teller (Sie müssen nicht zwei komplette Essgeschirre horten – schließlich sind Sie kein Hochzeitsausstatter oder Partyservice oder lassen selbst wöchentlich eine große Party bei sich steigen. Und sollte dies doch mal vorkommen: Schon mal an Fingerfood gedacht?), ein paar Töpfe, Pfannen, Tassen und Teller und einige Gewürze. Den Rest packen Sie entweder in die dritte Kiste („Zu gut zum Wegschmeißen, andere können noch etwas damit anfangen") oder gleich in den Müllsack. So sparen Sie sich nebenbei noch den lästigen Abwasch. Denn wo wenig Geschirr vorhanden ist, können sich keine großen Abwaschberge auftürmen. Überlegen Sie auch, ob Sie wirklich alle Ihre Kochbücher behalten müssen. Seien Sie ehrlich: Was davon haben Sie wirklich umgesetzt und wenn ja, können Sie Ihre Lieblingsgerichte nicht schon bald auswendig zubereiten? Fassen Sie doch einfach die besten Gerichte zusammen. Ich koche selbst jeden Tag. Alle zwei Wochen ist sogar ein neues Gericht dran. Und raten Sie, wo ich alle meine Rezepte herhabe? Richtig, aus dem Internet. Ich benötige kein einziges Kochbuch. Entweder schreibe ich mir die paar Zutaten für den Einkauf im Supermarkt mal eben raus oder ich fotografiere die Seite mit meinem Smartphone und habe dann alle wichtigen Informationen griffbereit zur Hand. Sie müssen es nicht genauso machen. Aber überlegen Sie kreativ, wo und wie Sie im Alltag noch mehr tricksen können, um Ihre Regale dauerhaft sauber zu halten. Üben Sie sich in Achtsamkeit, auch zwischen den Regalen und Küchenschubladen.

Ist alles startklar für die große Entrümpelungsaktion?

Liegen die folgenden Hilfsmittel bereit?

- ☐ Mülltüten (60-Liter-Beutel, Gelbe Säcke, und undurchsichtige blaue Beutel)
- ☐ Alte Zeitungen zum Einwickeln
- ☐ Wischtücher
- ☐ Staubtuch
- ☐ Spülmittel
- ☐ Wassereimer

- ☐ Ist ein fixer Sperrmülltermin (in etwa 2 bis 6 Wochen) vereinbart?
- ☐ Haben Sie in Erfahrung gebracht, wo Sie alte Schuhe, Kleider und Glasbehälter hinbringen/loswerden können?
- ☐ Haben Sie eine Fläche zur kurzen Zwischenlagerung für die Kisten 3 und 4 freigemacht?
- ☐ Und Gute-Laune-Musik eingeworfen, ein altes T-Shirt übergezogen und für reichlich Erfrischung (Wasser) gesorgt?
- ☐ Liegt ein Fotoapparat für Vorher-nachher-Fotos schussbereit?

Dann kann es jetzt richtig losgehen!

MIT BUDDHA BESSER ESSEN UND BEWEGEN

Unser Körper ist unser wahres Zuhause. Darin wohnen wir tatsächlich. Leider haben viele von uns den Blick für ihren Körper verloren. Sorgen wir wieder dafür, dass es uns gesundheitlich gut geht, dass wir natürlich und ausgewogen leben. Buddhas Formel lautet: Weniger essen und mehr bewegen, tief atmen und zur Mitte zurückfinden. Schaffen Sie sich ein gemütliches und gesundes Zuhause, damit Ihre Seele gerne darin wohnt.

Was den Körper nährt

Bei all den Negativschlagzeilen über Massentierhaltung, Gentechnologie und Umweltverschmutzung sollten wir am besten nur noch von Licht, Luft und Liebe leben. Dann müssten wir allerdings so etwas wie Fotosynthese betreiben. Hinzu kommen noch der tägliche Stress, Schlafmangel und vielleicht körperliche Beschwerden, die uns in unserem Alltag begleiten. Also lautet die große Frage: *Wie* sollen wir fortan leben? Was tut unserem Körper dauerhaft gut und was dürfen wir überhaupt noch essen? Hat Buddha etwa auch hierfür eine minimalistische Anleitung? Was unseren Körper nährt, geht – wie Sie schon heraushören – über die Wahl gesunder Nahrungsmittel hinaus.

Nachdem Sie Ihre Wohnung auf Vordermann gebracht haben (oder noch immer dabei sind), haben Sie endlich die Möglichkeit, den Blick auf sich selbst zu richten. Einige Menschen werden mich vielleicht fragen, warum ich dieses Kapitel nicht vorgezogen habe. Schließlich ist unser Körper unser wahres Zuhause. Darin leben wir tatsächlich – und zwar bis ans Ende unserer Tage. Ich gebe Ihnen völlig recht! Mit Ihrer Frage gehören Sie zu den wenigen Personen, die das erkannt haben. In der Tat sollten wir als Erstes bei uns selbst anfangen, bevor wir das „Großprojekt Wohnung" angehen. Aber ich habe oftmals die Erfahrung gemacht, dass viele Menschen bei dem Begriff „Zuhause" tatsächlich als Erstes an ihre eigenen vier Wände denken. Das liegt vermutlich an der europäischen Denkweise und ihrem Erbe, der strikten Trennung von Körper und Geist. Der Ausdruck *Homo sapiens*, „denkender Mensch", bringt es auf den Punkt. Lange Zeit galt der Körper als „Kerker" der Seele. Erst neuere medizinische und neurowissenschaftliche Erkenntnisse betonen wieder den engen Zusammenhang von Körper und Geist. In den fernöstlichen Kulturen spielt die Beziehung zum eigenen Körper eine wesentlich größere Rolle. So etwa gilt der Atem im Hinduismus und Buddhismus als universelle Grundlage des Seins. Uns hingegen ist seine Bedeutung als Kraftquelle kaum bewusst. Bei uns wird dem Verstand viel mehr Wichtigkeit eingeräumt, obwohl wir doch in brenzligen Situationen („Es verschlägt mir den Atem") heftig nach Luft schnappen. Daher ist unsere Ausrichtung heute stärker objektbezogen statt körperzentriert. Vielen Menschen ist anscheinend ein gepflegter Rasen wichtiger als das Abtrainieren ihrer Speckrollen. Sie leben in großartigen Häusern und fahren die tollsten Autos, neigen jedoch zu Übergewicht und setzen sich täglich Stresssituationen aus, die sich negativ auf ihre Gesundheit auswirken können. Doch hier zeichnet sich ein Wandel ab: Während unsere Eltern noch mit der Clique rauchend in der Küche saßen, Tütensuppen für gesund hielten und versuchten, mithilfe von gestrecktem Ahornsirup überschüssige Pfunde zu verlieren, rollt unsereiner heute die Yogamatte aus, ernährt sich vegan und kauft verstärkt im Bioladen ein. Das ist doch schon mal ein Fortschritt!

Weniger Essen?

Viele Menschen stellen sich Buddha als dickbäuchigen, fröhlichen Mönch vor, wahrscheinlich deshalb, weil er in dieser Form die Eingänge beinahe sämtlicher Chinarestaurants ziert. Sicherlich war Buddha durchaus von dieser Welt, aber weder ein Vielfraß noch Vegetarier. Minimalistische Ernährung nach Buddhas Art bedeutet weder pausenloses Fasten, FDH („Friss die Hälfte") noch Kalorienzählen. Auch nicht Rohkost oder Selbstversorgung. Buddha wählte den Mittleren Weg – also weg von den Extremen und hinein ins Vergnügen. Dabei darf's aber ab und zu ruhig etwas weniger sein. Tausende von Jahren waren unser Rhythmus und unsere Ernährungsweise von der Natur bestimmt. Heute leben wir im Überfluss: Das Essen ist ständig und in unmittelbarer Nähe verfügbar. Wir essen zu viel, zu fettig, zu salzig und zu süß. Früher war der Mensch auch Hungerperioden ausgesetzt und musste sich sein Essen erst mühevoll beschaffen. Das Interessante: Unser Körper ist auf solche Perioden bestens vorbereitet, ja er benötigt diese sogar, um sich selbst zu reinigen und zu regenerieren. Wagen wir doch mal einen Blick unter das Mikroskop: Unsere Zellen beispielsweise fangen nach längerem Nahrungsverzicht irgendwann an, Proteine aus der Zellwand zu schöpfen und dabei körpereigene Antioxidantien freizusetzen. Doch bei ununterbrochener Nahrungsaufnahme können diese Mechanismen gar nicht stattfinden. Dazu haben viele Menschen verlernt, Hungersignale richtig zu deuten – er wird oftmals mit Appetit verwechselt. Aber auch die richtige Einschätzung des eigenen Sättigungsgefühls wird immer schwieriger. Viel gesünder wäre es also, etwas weniger, aber dafür höherwertige Nahrung zu sich zu nehmen. Wir brauchen Nahrung, die uns Kraft gibt, die uns im Wortsinn „nährt" und uns gesund erhält. Doch sollte sie nicht immer und sofort verfügbar sein, sondern mit genügend Körpereinsatz erarbeitet werden. Eine gesunde Reduzierung steigert die Vitalität, Lebensqualität und Beweglichkeit. Sie kennen das selbst! Ein üppiges Buffet, Brunch oder Drei-Gänge-Menü schlägt Ihnen schwer auf den Magen, und Sie fühlen sich danach alles andere als wohl. Der Mittlere Weg ist der bewusste Verzicht auf eine zweite (oder dritte) Portion. So wird Ihr Leben förmlich leichter, und Sie bleiben länger fit.

Außerdem spielt die Achtsamkeit eine besondere Rolle: Achtsames Essen macht jede Diät überflüssig. Anstatt Ihr Essen in Stress und Hektik, nebenher vor dem PC oder unterwegs beim Telefonieren herunterzuschlingen, gönnen Sie sich für Ihre nächste Mahlzeit genügend Ruhe, fernab von Ihrem Arbeitsplatz, und konzentrieren Sie sich ausschließlich darauf. Kein Handy, keine Besprechungen oder negativen Gefühle. Nur Sie und Ihr Pausenbrot. Was schon fast komisch klingt, muss heute wirklich neu erlernt werden: langsam kauen, jede einzelne Zutat herausschmecken und sich dabei vollkommen entspannen. Lernen Sie während des achtsamen Essens Ihr Verdauungssystem besser kennen. Essen sollte Lust, Spaß und Appetit machen. Kontrollieren Sie auch Ihre Gedanken beim Essen. Grübeln Sie nicht über anstehende Aufgaben nach. Diskutieren Sie nicht und meiden Sie schlecht gelaunte Mitmenschen. Ein Experiment mit Katzen hat deutlich gezeigt, dass Stress, der beispielsweise durch die Anwesenheit eines Hundes hervorgerufen wurde, beim Essen die Verdauung blockiert. Wie sich herausstellte, wollte sich der Katzenmagen selbst Stunden später nicht beruhigen. Und falls Sie öfter der Hunger quält, obwohl Sie erst kurz zuvor gegessen haben, sollten Sie der Ursache Ihres Hungers auf den Grund gehen. Vielleicht steht ein ganz anderes „Verlangen" dahinter?

Gute und nährstoffreiche Speisen sind zudem richtige Glücksmacher. Vollwertige Kost besteht beispielsweise aus frischem Gemüse, guten Ölen, knackigen Salaten und saftigem Obst. Dazu gehören auch Nüsse, Vollkornprodukte und genügend Flüssigkeit. Essen müssen wir jeden Tag. Damit das Essen von der Nebensache oder alltäglichen Handlung zu einem Feuerwerk für die Sinne aufsteigt, sollte man sich reichlich Zeit zum Kochen und Zubereiten seiner Speisen nehmen.

Achtsam durch den Supermarkt

Und woraus sollte Ihre nächste Mahlzeit idealerweise bestehen? Bedeutet „achtsames Essen", jetzt mehr Gemüse einzukaufen und fortan ganz auf Fleisch zu verzichten? Oder Fleischgenuss allenfalls in der Bio-Variante, nachhaltig und aus der Region? Natürlich müssen Sie auch hier Ihren eigenen Wohlfühlweg finden. Der Dalai Lama propagiert eine vegetarische Ernährungsweise, hält sich aber selbst nicht immer konsequent daran. Warum das so ist, hat er nicht verraten, aber es hängt sicherlich mit seiner tibetischen Herkunft zusammen – denn in Tibet zählt Fleisch zu den drei wichtigsten Grundnahrungsmitteln. Ob Sie nun vegetarisch oder sogar vegan leben wollen, bleibt Ihnen überlassen. Zu überdenken wäre der eigene Fleisch- und Milchkonsum aber zumindest vor dem Hintergrund der Massentierhaltung. Eines der drei Geistesgifte, die Buddha in seinen Vier Edlen Wahrheiten betont, ist Nichtwissen, wie Sie wissen. Erkundigen Sie sich ruhig mal, wo beispielsweise das Tier, das auf Ihrem Teller landen soll, herkommt, und verzichten Sie auf Billigfleisch, denn es hat natürlich Gründe, dass es so kostengünstig angeboten werden kann. Mitgefühl lässt sich sehr wohl auf die gesamte Tier- und Pflanzenwelt ausweiten.

Buddhas Worte sind eindringlich. Wäre man ernsthaft und konsequent, müsste man sich tatsächlich fortan nur noch von Luft, Licht und Liebe ernähren. Was also tun? Wählen Sie immer das kleinere Übel. Wie gesagt, Sie müssen nicht unbedingt Vegetarier werden. Mitgefühl beginnt bei nachhaltigem Konsumverhalten und überlegtem Einkauf im Bioladen. Dasselbe gilt auch für Obst, Gemüse und Getreideerzeugnisse. Wenn Sie Weintrauben aus einem Land auf der anderen Seite der Weltkugel für nur 1,50 Euro pro Kilo kaufen können, sollte Sie das stutzig werden lassen. Wählen Sie regionale und saisonale Produkte, studieren Sie Zutatenlisten, Herkunftsetiketten und seien Sie stets achtsam mit ihrer Umwelt. Und wenn Sie an den richtigen Stellen sparen, können Sie sich sogar die etwas teurere Bio-Variante leisten. Sie unterstützen die Bauern in Ihrem Umland und tragen zur Verminderung von Umweltverschmutzung und Klimaerwärmung bei, denn zu den Bauernmärkten etc. müssen die Produkte keine langen Transportwege per Flugzeug oder Frachtschiff zurücklegen.

Wenn Sie achtsam einkaufen, achten Sie außer auf den umweltfreundlichen Nachhaltigkeitsaspekt auch sorgsamer darauf, was fortan in Ihrem Einkaufskorb und damit später in Ihrem Magen landet. Sie werden vermutlich dankbarer und rücksichtsvoller sein. Achtsames und mitfühlendes Essen wirkt sich langfristig also positiv auf Körper, Geist und Umwelt aus.

Wenn Sie ganz achtsam sein wollen, greifen Sie das nächste Mal auch nicht zur Plastiktüte, sondern haben vorsorglich einen Jutebeutel bei sich – ein Pappkarton aus der Obst- oder Getränkeabteilung tut's aber auch. Denn Sie haben doch sicher keinen Appetit auf einen plastikmüllverseuchten Fisch auf Ihrem Teller? Genau das passiert aber seit einigen Jahren in immer höherem Maß: Unsere Meere sind mittlerweile voll mit Plastikmüll – es sollen mehr als 100 Millionen Tonnen sein. Der Kunststoff zersetzt sich nur sehr langsam (die Rede ist von einer Halbwertszeit von 250 Jahren) und nur so lange, bis man ihn nicht mehr sieht, dann wird er von den Fischen aufgenommen. Dass wir sowieso schon umzingelt sind von diesem billigen, einfachen und unkaputtbaren Material, ist schon erschreckend genug. Es ist praktisch und aus unserem Alltag nicht mehr wegzudenken, doch zugleich ist Plastik hochgradig gesundheitsschädlich. Reduzieren Sie daher Ihren Verbrauch, wo immer Sie können.

Mehr Bewegung

Viele Menschen nehmen gerade im Urlaub einige Kilos zu. Das liegt vermutlich daran, dass sie einerseits den ganzen Tag faul in der Sonne liegen und sich andererseits mehrmals am Tag die Bäuche vollschlagen. Diese Leute verbinden Urlaub mit minimaler Bewegung und maximalen Buffet-Träumen. Das führt – neben Sonnenbrand und Gewichtszunahme – auch zu anderen unschönen Ergebnissen, ruft manchmal Unzufriedenheit, Nörgelei und Frustration hervor. Das erinnert wieder einmal an Buddhas drei Geistesgifte: Gier, Aggression und Verblendung. Dabei soll der Körper doch nicht vernachlässigt, sondern gepflegt und gut behandelt werden, indem man Zeit findet, sich etwas Gutes zu tun! Und das gilt vor allem auf dem Gebiet der Bewegung und Erholung. Ich reduziere die Anforderungen meines Alltags doch, um mir mehr Zeit für mein Wohlbefinden nehmen zu können.

Tipp

Plastikfrei einkaufen

- Jutebeutel aus Baumwolle statt Einweg-Plastiktüten
- Glas statt Konservendose
- Frisches Brot in der einfachen Papiertüte statt Aufbackbrötchen in Plastikhülle
- Leitungswasser statt Wasser aus Plastikflaschen
- Käse- und Fleischtheke mit Frischware aufsuchen statt des Kühlregals
- Gemüse und Obst einzeln kaufen (zum Beispiel auf dem Markt) statt in Plastikverpackungen
- Essen selber frisch zubereiten, statt Fertigware herunterzuschlingen
- Vermeiden der Verpackung in der Verpackung (zum Beispiel doppelt verpackte Süßigkeiten)
- Kaffee *to go* in die mitgebrachte Thermosflasche füllen lassen statt in den Einweg-Becher

Die ideale Urlaubsvorstellung hierbei ist eine aktive, aber auch meditative Variante. Mal ausschlafen – ja, aber nicht den ganzen Tag nur faul herumliegen. Genussvolles Essen – ja, aber kein maßloses Vollstopfen. Und wie sieht es mit Ihrem täglichen Bewegungspensum aus? 10 000 Schritte sollte der Mensch am Tag tun. Und, schaffen Sie es? Das geht sogar bei einer Vollzeitstelle! Anstatt drei Stunden in der Woche ins Fitnessstudio zu hetzen, integrieren Sie Bewegungsabläufe so oft wie möglich in Ihren Alltag. Sie wissen schon: Nehmen Sie die Treppe statt des Fahrstuhls, das Fahrrad statt des Autos usw.

Es gibt sogar richtige minimalistische Sportarten. Hätte Buddha eine Lieblingssportart, dann wäre es wohl das Laufen, die minimalistischste und natürlichste Variante von allen, denn dazu brauchen Sie eigentlich nur die idealen Laufschuhe. Lassen Sie dabei jedoch Stoppuhr, Wettkampfzeit und Musikverkabelung weg. Gehen Sie dafür einfach raus in die Natur, drehen Sie eine lockere Runde und genießen Sie fernab von Leistungsdruck und Optimierungszwang die Ruhe, Farbenpracht und frische Luft. Dabei sollten der eigene Wohlfühlrhythmus und Spaßfaktor im Vordergrund stehen. Hören Sie auf Ihre innere Stimme und entscheiden Sie selbst, wie stark und wie intensiv Sie trainieren wollen. Lenken Sie beim Laufen bewusst Ihre Sinneswahrnehmung, indem Sie sich auf die Umgebung und Ihren Atem konzentrieren. Während Ihr Körper so richtig ins Schwitzen kommt, beruhigt sich Ihr Geist von ganz allein. Das Tolle daran: Beim Laufen stellt sich der meditative Aspekt automatisch ein, vorausgesetzt, man tritt erwartungslos und offen an die Sache heran. Nehmen Sie sich die Zeit, die Sie brauchen, und lassen Sie es locker angehen. Laufen können Sie jederzeit und fast überall. Selbst im Urlaub können Sie Ihre neue Umgebung laufend erkunden. Sie können jeden Morgen mit einer kleinen Joggingrunde beginnen oder in der Mittagspause eine Runde um den Block walken.

Minimalistisch ist auch das Trainieren mit dem eigenen Körpergewicht. So sparen Sie sich das stickige und oft überteuerte Fitnessstudio und nutzen Ihren Körper für optimalen Muskelaufbau.

Eine Mischung aus Power-Yoga, Eigengewicht-Training und Achtsamkeitslenkung sind die Fünf Tibeter. Dazu benötigen Sie nichts weiter als Ihren eigenen Körper.

Yoga auf Tibetisch

Diese ursprünglich aus der indischen Yogatradition stammenden Muskel- und Entspannungsübungen bestehen aus fünf bewährten Bewegungen, die das Energiesystem des Körpers harmonisieren und zur Vitalisierung und Entspannung führen sollen. Eine Viertelstunde am Tag genügt bereits, um einen lang anhaltenden Wohlfühleffekt zu erzielen.

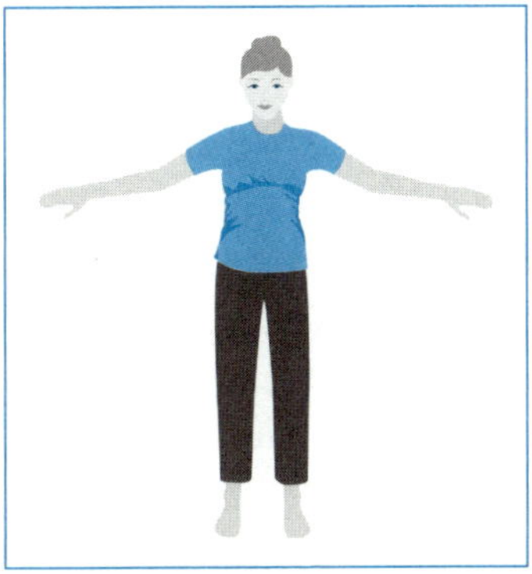

Kreisel: Für diese Übung stellen Sie sich hin, Beine hüftbreit auseinander, und strecken die Arme waagerecht nach außen, sodass sich Ihre Handflächen auf Schulterhöhe befinden. Die Handflächen zeigen nach unten, während Sie den gesamten Oberkörper um 90 Grad einmal nach rechts und anschließend nach links drehen. Dabei atmen Sie bewusst zur einen Seite ein und zur anderen wieder aus. Die Hüften und Beine bleiben dabei gerade und tief im Boden verankert. Diese Übung wiederholen Sie dreimal, anschließend kehren Sie in die Ausgangsposition zurück.

Kerze: Bei dieser Übung legen Sie sich mit dem Rücken auf den Boden, die Arme befinden sich dabei eng am Körper. Heben Sie nun die gestreckten Beine langsam nach oben an, gleichzeitig wird der Kopf in dieselbe Richtung nach oben gezogen, wobei der Rest des Körpers am Boden liegen bleibt. Atmen Sie beim Anheben ein und beim langsamen Ablegen wieder aus. Wiederholen Sie diese Übung insgesamt dreimal.

Halbmond: Ausgangsposition ist die Kniestellung (bei Knieproblemen sollte man sich eine weiche Unterlage besorgen). Man stellt sich auf seine Knie, der Oberkörper ist dabei gerade und die Wirbelsäule gestreckt. Beim Einatmen werden Hüfte und Brust nach vorne und die Schulterblätter nach hinten geschoben. Zur Unterstützung kann man die Hände am Gesäß abstützen, um die Streckung intensiver zu spüren. Nach mehreren Wiederholungen kehren Sie zurück in die Ausgangsposition.

Brücke: Nun sitzen Sie aufrecht auf dem Boden, die Beine und Arme sind gestreckt. Ihre Handflächen berühren den Boden, wobei die Finger nach vorne zu den Beinen zeigen. Beim tiefen Einatmen stützen Sie sich auf den Handflächen ab und drücken den gesamten Körper nach vorne, sodass der Körper die Form eines rechteckigen Tischs annimmt. Der Oberkörper ist dabei angespannt und gerade, die Beine sind angewinkelt und die Arme gestreckt. Beim Ausatmen gehen Sie zurück in die Sitzposition. Diese Übung wiederholt man ebenfalls dreimal.

Berg: Hierfür nehmen Sie die Liegestützposition ein. Beim Ausatmen geht Ihr Körper leicht nach unten und Sie schieben sich mit dem Kopf nach oben, wie ein aus dem Wasser ragender Fisch. Dabei atmen Sie tief ein. Jetzt haben Sie einen durchgedrückten Rücken (Hohlrücken), den Sie erst lösen, wenn Sie Ihr Gesäß nach hinten zu einem spitzen Berg schieben. Im Yoga heißt diese Position auch der „Herabschauende Hund". Die Spannung wird durch das bewusste Ausatmen sowie das Durchdrücken der Handflächen und der Beine erreicht. Der Rücken ist gerade und die Fersen sollten dabei möglichst den Boden berühren. Diese Position können Sie kurz halten, bis Sie in die Liegestützposition zurückkehren.

Wiederholen Sie jede Übung mindestens dreimal und steigern Sie diese Anzahl mit der Zeit. Sie werden schon nach wenigen Wiederholungen spüren, wie gut Ihnen die vom Yoga inspirierten Übungen und das Training mit dem eigenen Körpergewicht tun. Dabei konzentrieren Sie sich bewusst auf Ihren Atem und regen dadurch den Stoffwechsel mit an, was sich auch positiv auf Ihr Immunsystem auswirkt. Und während Sie sich auf die richtige Ausführung der Übungen konzentrieren, kann Ihr Kopf richtig gut abschalten. Sie denken nicht mehr länger an die Tagesaufgabe im Büro oder den Wäscheberg zu Hause.

Die Übungen lassen sich außerdem bequem in Ihren Alltag integrieren. Machen Sie hier und da immer wieder mal eine Kerze oder den Berg. So aktivieren Sie Ihre Muskulatur und bringen Schwung in den Tag.

Beim Ausatmen können Sie auch das „Ommm" laut aussprechen. Auch wenn es anfangs komisch klingt – Sie werden einen wohltuenden und befreienden Effekt dabei spüren. Während Sie sich nämlich darauf konzentrieren, werden alle möglichen Störfaktoren ausgeblendet und herumschwirrende Gedanken und Probleme einfach übertönt.

Praktizieren Sie die Fünf Tibeter auch beim nächsten Auswärtstermin im Hotelzimmer. Gleich nach der Ankunft sorgen Sie mit ein paar Übungen für fühlbare Entspannung und Lockerung Ihrer Muskulatur und morgens vor dem Frühstücksbuffet kurbeln Sie damit Ihren Kreislauf an.

Stille Atem sind tief

Die Fokussierung auf etwas eigentlich so Selbstverständliches wie den Atem lässt uns im Moment verweilen, zur Ruhe kommen und fördert langfristig unsere Konzentrationsfähigkeit. Wir werden dadurch entspannter und achtsamer im Alltag. Wenn wir schon nicht in der stillen Sitzposition ausharren können, sollten wir uns öfter den Fünf Tibetern widmen oder fokussierende Atemübungen in die Alltagspraxis integrieren: etwa beim Anstehen in der Kassenschlange eines Supermarkts, im Wartezimmer einer Arztpraxis, in der nächsten Telefonschleife oder eben als meditative Läufer. Ziel ist es, sich eine möglichst tiefe und langsame Atmung anzutrainieren. Der Sauerstoff sollte bis hinunter in die Bauchregion gelangen. Zur Unterstützung legen Sie die Handflächen auf Ihre Bauchdecke und beobachten den Atemverlauf beim Ein- und Ausatmen. Ihre Muskeln können sich erst richtig lockern, wenn Sie bis tief ins Zwerchfell hinunter atmen. Dann erst versorgen Sie Ihren Körper vollständig mit ausreichend Sauerstoff. Babys tun dies noch automatisch. Erst mit der Zeit verlernen wir die natürliche Atmung. Infolge von Stress und Alltagshektik etwa verspannt sich unser Körper, wodurch die Sauerstoffversorgung blockiert wird und die Luftzirkulation automatisch verflacht. Daher kommen auch das Schnaufen und der „rote Kopf". Unser Körper bekommt bei der flachen Brustatmung nicht mehr genügend Sauerstoff. Dauerhaft kann eine solche Kurzatmung sogar zu chronischer Verspannung oder zu Herz- und Kreislaufproblemen führen.

Deswegen ist eine Fokussierung und die regelmäßige Konzentration auf den Verlauf des Atems eine gute Grundübung für eine solide Tiefenatmung. Ihr dank Buddha minimalistisches und gut aufgeräumtes Leben bietet reichlich Gelegenheit, sich das öfter bewusst vorzunehmen.

Ausreichend Bewegung und Erholung reduzieren gesundheitliche Beschwerden. Und Sie wissen jetzt, wie einfach und minimalistisch das aussehen kann. Sie müssen sich nicht im Sportverein anmelden, irgendwelchen Zeitplänen hinterherrennen und eine bestimmte Leistung erbringen. Sie benötigen nicht einmal aufwendiges Equipment – außer Ihrem eigenen Körper und vielleicht einem Paar vernünftiger Sportschuhe.

Apropos minimalistische Schuhe und große Schmerzen: Sollten Sie häufig über Rückenschmerzen klagen, tauschen Sie Ihre High Heels doch mal gegen minimalistisches Schuhwerk ein. Der neueste Trend führt Sie ebenfalls *back to the roots*: zum Barfußlaufen. Sie müssen aber jetzt nicht mit den sogenannten *Five Fingers Shoes* zur Arbeit latschen (angezogen sehen die aus wie Gorillafüße), es gibt mittlerweile tolle schlichte Varianten im Ballerina-Look oder im Business-Style. Stöbern Sie hierfür mal im Internet. Sie finden am Ende dieses Buchs weiterführende Tipps. Wichtig dabei ist nur, dass Sie sich langsam an die minimalistische Schuhvariante herantasten. Ihre Muskulatur muss erst aufgebaut und allmählich stabilisiert werden.

Der Weg zur Mitte

Buddha vergleicht das Leben mit einem rotierenden Rad. In unserem Alltag bewegen wir uns oft und erschreckenderweise am äußersten Rand, also dort, wo es sich am schnellsten dreht. Kein Wunder, dass uns dabei manchmal ganz schön schwindelig wird. Erst in der Mitte finden wir Ruhe, und diese lässt sich wunderbar mit Meditation erreichen. Wir wissen: „In der Ruhe liegt die Kraft", und Buddha hat's uns vorgemacht. Es gibt so viele Möglichkeiten, seinen Ruhepol zu finden: Yoga, die Fünf Tibeter, meditatives Laufen, lange Spaziergänge, achtsames Teetrinken und autogenes Training sind optimal.

Ganz gleich, welche Form der Entspannung Sie wählen, solange Sie Entspannung nicht mit Ablenkung oder Betäubung verwechseln, können Sie zum Nachdenken kommen, Klarheit schaffen und auf diese Weise bessere Entscheidungen treffen. Lösungen lassen sich erst durch das Loslassen fest eingeschliffener Denkmuster finden, Ängste und Blockaden können Sie durch Achtsamkeit lokalisieren. Wie sollen wir sonst Entscheidungen treffen, ohne sie gleich wieder zu bereuen, wenn nicht durch ernsthaftes und wohlüberlegtes Nachdenken? Dazu brauchen wir Zeit, Geduld und vor allem Ruhe. Loslassen heißt auch manchmal „zulassen". Nehmen Sie die Dinge an, wie sie sind, ohne sie zu bewerten. Wenn Sie beispielsweise Ihre Ernährung umstellen möchten, aber heute an der Kasse schon wieder zum Schokoriegel gegriffen haben, verurteilen Sie Ihre Handlung nicht. Haben Sie aus Langeweile zugegriffen, sind Sie hungrig einkaufen gewesen, oder haben Sie vorher eine Werbung gesehen, die Ihnen Lust machte auf Süßigkeiten? Gehen Sie achtsam der Ursache auf den Grund und beseitigen Sie dann die verantwortlichen Übeltäter. Das könnte folgendermaßen aussehen: Lenken Sie sich an der Kasse mit dem Lesen von Zutatenlisten ab, trinken Sie vor dem Einkaufen immer reichlich Wasser (hilft gegen das Hungergefühl) und schauen Sie weniger fern …

Tipp

Das neue Credo: Weniger ist mehr

Verzichten Sie auf eine Waage, um ständig Ihr Gewicht zu kontrollieren. Freuen Sie sich stattdessen über Ihr körperliches Wohlgefühl.
Achten Sie mehr auf bessere Qualität statt auf Quantität – Ihre Gesundheit wird es Ihnen langfristig danken!
Verzichten Sie auf große Essensvorräte und einen Riesenkühlschrank. Im 21. Jahrhundert müssen Sie nichts mehr groß einlagern. So sparen Sie Energie, werfen weniger weg und machen stattdessen täglich mehr Schritte (zum Beispiel zum Supermarkt).
Bei der Verpflegung im nächsten Urlaub buchen Sie Halbpension statt All-inclusive. Allzeit zur Verfügung stehendes Essen verleitet dazu, mehr in sich hineinzustopfen, als einem guttut.
Überlegen Sie, wie groß Ihre Schüssel, Ihr Teller und Ihre Pfannen sind. Vielleicht wählen Sie hierbei in Zukunft bewusst die kleinere Variante.

Durch diese Form der aktiven Achtsamkeit im Alltag gewinnen Sie womöglich auch eine neue Sicht auf die Dinge, Sie hören öfter auf Ihre innere Stimme und kommen der Idee eines guten und erfüllten Lebens immer näher. Denn wer könnte das besser wissen als Sie selbst?!

Beginnen Sie also gleich – gönnen Sie sich heute noch einige Minuten Ruhe. Versuchen Sie es tatsächlich mal mit einer Runde Nichtstun. Klappt's? Was geht Ihnen dabei durch den Kopf? Woran denken Sie und welche Emotionen steigen dabei in Ihnen hoch? Erinnern Sie sich noch an das Beispiel mit dem *Monkey Mind?* Lenken Sie Ihre Gedanken bewusst, indem Sie sich auf etwas ganz Bestimmtes konzentrieren.

MIT BUDDHA IM BÜRO

Wenn es etwas wirklich zu minimalisieren gibt, dann ist es der ganze Haufen Arbeit, dem man im Job täglich ausgesetzt ist. Wie stellt man das mit Buddhas Hilfe am besten an? Damit die Arbeit wieder zum Vergnügen wird, hält Buddha einen Glücksplan parat. Was haben loslassen, die Klappe halten und Nein sagen damit zu tun? Buddha entpuppt sich nicht nur als Aufräumprofi, sondern auch als gefragter Karriereberater.

Auf die Balance kommt es an

Wie läuft der Morgen bei Ihnen ab? Voller Hektik und alles *for to go?* Der brühheiße Kaffee, die Tagesnachrichten, das Croissant und der E-Mail-Check. Und im Büro geht's gleich so weiter. Sie stürzen sich auf den Aufgabenberg und wissen schon morgens, dass Sie an diesem Tag Überstunden schieben müssen. Zwischendrin dann noch der nervtötende Kunde, das anstrengende Meeting, die kurzfristigen Deadlines und der unzufriedene Chef.

Und das alles im Speed-Modus! Wenn Sie die Dinge in Ihrem Leben tatsächlich minimalisieren sollten, dann doch am besten gleich am Arbeitsplatz: weniger E-Mails, weniger Hektik, weniger Ärger und weniger Stress. Stattdessen mehr Zeit, mehr Lob, mehr Freiheiten und mehr Ruhe für die einzelnen Aufgaben. Vielleicht haben Sie bereits mit einer Reduzierung Ihrer Arbeitsstunden geliebäugelt, an ein *Sabbatical* gedacht, träumen von *Home Office Work*, von *Downshifting* des Arbeitspensums oder möchten am liebsten die Branche komplett wechseln?

Loslassen im Sinn von weglaufen oder das Handtuch werfen ist hiermit nicht gemeint, die Arbeit nach Hause zu verlagern ist (noch) nicht überall umsetzbar und einfach die Stundenzahl halbieren finanziell oft nicht drin. Also einfach Augen zu und durch, bis man vermutlich irgendwann vor Erschöpfung umfällt – oder *what would Buddha do?*

Immer wieder stelle ich fest, dass dieses Thema die größte Herausforderung an den Tag stellt: Schließlich verbringen wir die meiste Zeit unseres Lebens bei der Arbeit. Wir sehen unsere Kollegen öfter als unseren Partner oder die Kinder, und wir leisten oft mehr, als es unsere Kapazitäten manchmal eigentlich zulassen. Dabei ist bekannterweise gelegentlicher Stress ja gar nicht so schlimm. Er fördert unsere Kreativität und treibt uns an. Kritisch wird's bei permanenter Belastung, der wir heute leider oft genug ausgesetzt sind. Dafür müssen wir woanders kürzer treten: Darunter leiden dann Freizeit, Familie, Freundschaften und nicht zuletzt die Gesundheit. Aber wir beißen die Zähne zusammen und freuen uns wenigstens auf ein ruhiges Rentenalter, nicht wahr?

Kann uns Buddha überhaupt eine gescheite Lösung anbieten? Er musste schließlich nie wirklich arbeiten als Sohn eines reichen Radschas. Mag sein, dass ihm unser hoch technisiertes, überaus komplexes und global vernetztes Leben sehr befremdlich erschiene. Er müsste seine Vier Edlen Wahrheiten ein wenig *updaten* und seinen Putzplan straffen. Die Umstände mögen sich geändert haben, aber bei genauerem Hinschauen ist das Problem dasselbe geblieben. Buddhas Erkenntnisse sind uneingeschränkt auf unsere Zeit anwendbar. Nicht ohne Grund suchen immer mehr Westler eine Antwort in den fernöstlichen Weisheitslehren, und nicht zufällig basieren Entspannungs- und Achtsamkeitstechniken wie MBSR auf buddhistischen Erkenntnissen. Sie sind aktueller denn je, denn sie lehren, dass unser Schicksal nicht von äußeren Umständen abhängt, sondern unserer eigenen Regie unterliegt. Wir sind selbst für unser Glück verantwortlich. Wir suchen uns selbst aus, was wir tun, wo wir gerade sind, womit wir uns beschäftigen und wer uns umgibt. Schließlich hat uns niemand zu irgendetwas gezwungen. Beispielsweise waren wir damals, als unsere Entscheidung für die Ausbildung, den Job oder die Karriere fiel, überzeugt, dass wir die richtige Wahl treffen, nicht wahr? Was sich daraus ergeben hat, ist das Ergebnis unserer Handlungen, unserer Sichtweise und der inneren Motivation. Im Buddhismus spricht man daher von „Ursache und Wirkung". Äußere Umstände, wie nette Kollegen, ein verständnisvoller Chef und angenehme Kunden tragen selbstverständlich auch zum individuellen Wohlbefinden und zur Zufriedenheit bei. Aber wir werden auch immer mit schwierigen Situationen konfrontiert, wo es dann an uns liegt, wie wir damit umgehen. Wir entscheiden, ob wir uns ununterbrochen ärgern, uns persönlich angegriffen fühlen und den Frust auf unser Umfeld abwälzen … Oder ob wir tief durchatmen, einen Schritt zurücktreten und die Sache aus der Distanz gelassener betrachten. Sehen Sie Ihr Glas halb voll oder halb leer?

Sich in Achtsamkeit üben heißt zum Beispiel auch, für die guten Dinge um uns herum dankbar zu sein. Aber nehmen wir diese noch wahr? Schätzen wir unseren Arbeitsplatz? Freuen wir uns über abgeschlossene Projekte und sind wir immer dankbar für die Hilfe netter Kollegen, oder sind wir durch nervenaufreibende Aufgaben ständig abgelenkt? Der Clou: Wir müssen unsere Sichtweise der Dinge so justieren, dass Selbstverständlichkeiten wieder zu Besonderheiten werden. Der Vergleich mit anderen wiederum weckt Neid, sodass wir die Gelegenheit verpassen, uns auf die schönen Dinge zu konzentrieren.

Warum haben wir einen Hang zum Nörgeln und Unzufriedensein? Öfter mal gelassener reagieren oder etwas nicht persönlich nehmen, wäre schon toll. „Alles reine Übungssache!", verspricht uns unser Aufräumprofi Buddha. Und wo, wenn nicht in der Arbeit, lassen sich Achtsamkeit und Loslassen täglich am besten trainieren?

Buddhas Vier Edle Wahrheiten als Karriere-Guideline sind wie dafür gemacht! Hier einige Beispiele:

1. Irgendwas läuft schief. Sie sind unzufrieden. Sei es der defekte Drucker, der Probleme bereitende Azubi oder der mürrische Abteilungsleiter, der anscheinend immer nur Ihre Fehler sieht. Erste Erkenntnis: Sie leiden.
2. Was sind die Ursachen dafür? Ist die Patrone leer? Hat der Azubi Stress in der Schule? Kann der Abteilungsleiter nicht auch mal die gute Arbeit sehen? Zweite Erkenntnis: Finden Sie die Ursache. Als kleine Hilfestellung: Suchen Sie nach den drei Giften (Gier, Aggression und Verblendung).
3. Sie fluchen über den Drucker (Aggression), Sie ärgern sich

über den Azubi, ohne zu wissen, was eigentlich los ist (Verblendung), und Sie suchen nach mehr Anerkennung (Gier). Dritte Erkenntnis: Sie haben die Ursachen in den drei Geistesgiften lokalisiert.

4. Vierte Erkenntnis: Es gibt einen Weg da raus. Nun liegt es an Ihnen, a) sich zu sammeln, innezuhalten (Meditation), b) eine objektive Sichtweise einzunehmen (Weisheit) und c) sich entsprechend richtig zu verhalten (ethisches Handeln).

Loslassen und vorankommen

Im Idealfall lachen Sie über den Drucker, der sowieso nie tut, was er soll. Bitten Sie Ihre Kollegin, die E-Mail über ihren Rechner für Sie auszudrucken. Dafür spendieren Sie ihr das nächste Mal als Dankeschön einen Kaffee. Fragen Sie den Azubi, ob er Ihnen helfen könne, und erfahren Sie von ihm vielleicht nebenher, dass er sich gut mit technischen Geräten auskennt. Womöglich löst er Ihr IT-Problem schneller, als Sie gucken können, und Sie nutzen die Gelegenheit, um ihm den letzten missglückten Arbeitsvorgang noch mal in Ruhe zu erklären. Er fühlt sich gebraucht und motiviert. Sparen Sie nicht mit Lob und haben Sie gleichzeitig Geduld mit Ihrem Vorgesetzten, der wiederum Ihre Arbeit nicht ausreichend zu honorieren versteht. Vielleicht können Sie die Sache in einem Gespräch klären oder aber Sie warten ab, hören auf, sich unnötige Gedanken zu machen, und stecken Ihre Energie besser in das nächste Projekt. Wahrscheinlich hat seine Kritik nichts mit Ihnen persönlich zu tun. Die Ursache für seinen Ärger liegt vermutlich ganz woanders. In allen drei Fällen üben Sie das Loslassen auf ganz unterschiedliche Weise. Das Loslassen von Aggression, von Verblendung und Gier, indem Sie Ihre kontraproduktiven Emotionen und Gedankengänge ausfindig machen und sich davon loslösen. Bei dieser Übung sind Sie stets im Hier und Jetzt. In diesem Moment können Sie auch klare Gedanken fassen und achtsam auf die Situation reagieren. Schalten Sie um von Autopilot auf Achtsamkeit, indem Sie die Lage bewusst wahrnehmen, sich selbst dabei beobachten, nicht sofort reagieren, sondern gelassen, überlegt und entspannt mit dem Problem umgehen. In der nächsten stressigen Situation setzen Sie folgende Schnellmaßnahmen ein. Sie können Buddhas Anleitung zum Loslassen auf so ziemlich jede kritische Situation anwenden.

Tipp

Weg mit dem Stress!

- Durchatmen – nutzen Sie dafür speziell die Fokussierung auf Ihren Atem!
- Abstand nehmen – gehen Sie für drei Minuten an die frische Luft!
- Erinnern – basteln Sie sich ein Kärtchen mit der Aufschrift „Lass los!", das Sie beispielsweise gut sichtbar über Ihren Bildschirm hängen.
- Erfrischen – trinken Sie ein großes Glas Wasser!
- Ablenken – bringen Sie sich sofort auf andere Gedanken, indem Sie sich angenehmen Dingen oder neutralen Aufgaben widmen!
- Bitte lächeln – suchen Sie sich irgendwo einen Spiegel und grinsen Sie sich an! Wie lächerlich die Situation einem doch gleich vorkommt, nicht wahr?

Schweigen ist Gold

Zugegeben, wir leben in einer „Kultur der Geschwätzigkeit". Wir benutzen täglich bis zu 16 000 Wörter. Das ist ziemlich viel und oftmals mehr, als wir wirklich bräuchten. Warum also nicht auch mal kurz die Klappe halten oder zumindest zwischen produktiven Beiträgen und ständigem Geplapper unterscheiden? In der Alltagsrealität ist Nörgeln an der Tagesordnung – wie wir nun wissen, ein Produkt der drei Geistesgifte. Man nörgelt, weil man unzufrieden, frustriert, verärgert, desinteressiert, neidisch oder genervt ist. Oft nörgeln gerade die unwissenden, unkonzentrierten und ruhelosen Zeitgenossen. Anstatt sich zu sammeln und Ruhe zu bewahren, klagen und lästern sie und tun pausenlos ihre Meinung kund. Sie ziehen dabei nicht nur sich, sondern gleich die gesamte Abteilung mit runter. Dabei könnte man durch Schweigen gleich zwei Fliegen mit einer Klappe schlagen: Loslassen und Vorankommen! Denn auch mal nichts zu sagen ist eine Grundvoraussetzung, wenn nicht sogar die wesentliche Methode für Achtsamkeit. Man nimmt seine Umwelt und die im Kopf herumschwirrenden Gedanken besser wahr, wenn man mal den Mund hält. Was sind die tatsächlichen Ursachen für das Genörgel, Gejammer und Herumdiskutieren? Löst man sich von solchem sinnlosen Geplapper, kehren Ruhe, Einsicht und Gelassenheit ein. Ihre Kollegen werden Sie lieben! Und schon haben Sie Mitgefühl und Nächstenliebe perfekt in die Praxis umgesetzt.

Vom Chaos zur Karriere

Nach der ersten erfolgreichen Umsetzung der vorangestellten Tipps mögen Sie jetzt vielleicht der Office-Liebling sein, weil Sie mit Buddhas Know-how für Ruhe im Haus gesorgt haben. Ihre Projekte werden dank größerer Stille und stärkerer Fokussierung vermutlich besser vorankommen, weil Sie sich vom Problem der ständig abschweifenden Gedanken, von sinnlosem Ärger und negativen Emotionen bewusst verabschiedet haben und Ihre Achtsamkeit gezielter auf die im Leben wirklich wichtigen Dinge lenken können. Das färbt auch auf Ihr Umfeld ab. Sehen Sie selbst! Sie kennen die Ursachen für die Probleme des

Alltags und können gut loslassen. Wenn Sie sich innerlich befreit, einen Überblick gewonnen und Ihre Ziele klar vor Augen haben, können Sie zum Beispiel auch endlich die längst fällige Gehaltserhöhung angehen. Überlegen Sie gut, welche Karriereschritte Sie als Nächstes anstreben. Verlieren Sie nicht Ihre persönliche Life-Work-Balance aus den Augen. Mehr Gehalt bedeutet meist auch mehr Verantwortung, die wiederum mehr Arbeitsstunden mit sich bringt und an mehr Aufgaben gekoppelt ist. Diese führen vermutlich zu mehr Stress und damit zu vielen Überstunden – und die wollen Sie ja eigentlich loswerden! Gehen Sie daher entspannter an die Sache heran. Überlegen Sie stattdessen, mit welchen Argumenten Sie Ihre Arbeit aufwerten und auf diese Weise Ihr Gehalt erhöhen können. Sich finanziell weiterzuentwickeln und mehr Geld zu verdienen steht nicht im Widerspruch zum minimalistischen Lebensstil, aber lassen Sie sich nicht davon beherrschen. Denn Geld allein macht Sie nicht glücklich, und für die nächste Gehaltsverhandlung benötigen Sie vor allem einen klaren Kopf.

Büroorganisationsexperten bestätigen, dass sich ein sauber aufgeräumter Schreibtisch positiv auf die innere Klarheit und Karriere auswirkt. Es besteht ein deutlicher Zusammenhang zwischen Ordnung und Produktivität, aber auch zwischen Chaos und Überforderung. Wir müssen uns von der Einstein'schen Formel verabschieden, wonach das Genie das Chaos beherrscht. Psychologischen Studien zufolge rufen unaufgeräumte Büroräume eher Frust, den Eindruck von Unstrukturiertheit und Unbehagen hervor. Und das Vertrauen des Arbeitgebers, aber auch das Ihrer Kunden sinkt.

Ein „schlanker" Schreibtisch jedoch schafft Übersicht, Klarheit und sorgt für ein besseres Arbeitsklima. Buddha räumt auch hier auf! Was Sie zu Hause mithilfe der Vier Edlen Kisten begonnen haben, sollten Sie daher unbedingt auf Ihren Arbeitsplatz übertragen. Teilen Sie sich den Schreibtisch mit anderen Kollegen, dann überzeugen Sie diese von Ihrem neuen Credo „Weniger ist mehr“. Dies gilt besonders für Ihren Bürotisch. Für mehr Durchblick gibt es wunderbare Büro-Ordnungssysteme, mit denen Sie sicher bereits arbeiten: von Hängeregistern über Ablagekörbe bis hin zum Online-Büroplaner. Wichtig sind hier vor allem die richtige Beschriftung und eine sinnvolle Sortierung, um Unterlagen, Akten und Schriftstücke schnell aufzufinden. Jeder hat in diesem Bereich eine andere Vorliebe und es kommt immer auf die eigene Arbeitsweise, die vorgegebene Struktur und die betreffende Branche an, in der Sie tätig sind. Beim Sortieren bzw. Aussortieren können Sie das Vier-Kisten-System aber gut anwenden. Bemühen Sie sich im eigenen Büro um die größtmögliche Schlichtheit. Ihre Produktivität wächst, wenn Sie nichts von Ihrer jeweiligen Tätigkeit ablenkt und Sie klare Gedanken fassen können. Denken Sie noch mal an das einfach eingerichtete Hotelzimmer. Entfernen Sie bunte Urlaubspostkarten, Familienfotos, Figürchen, die vielen Klebezettel und Blumentöpfe. Leere Wasserflaschen, Essensreste und benutzte Gabeln haben nichts auf Ihrem Schreibtisch verloren. Sie verbringen sowieso schon genug Zeit im Büro, machen Sie es sich daher also nicht allzu gemütlich. Schließlich wollen Sie rechtzeitig Feierabend machen, und das geht vermutlich besser mit der schnellen Erledigung Ihrer Tagesaufgaben dank weißer Flächen um Sie herum.

Anstelle lauter einzelner herumfliegender Hafties machen Sie sich besser ein *Mindmap* (auf möglichst nur einer DIN-A4-Seite) und führen Sie für jeden Tag eine überschaubare To-do-Liste. Diese unterteilen Sie in drei Kategorien, die Sie auch in der entsprechenden chronologischen Reihenfolge abarbeiten.

1. Notwendige Aufgaben (sofort zu erledigen)
2. Mögliche Aufgaben (als nächste zu erledigen)
3. Eventuell umsetzbare Aufgaben (wenn noch Zeit bleibt)

Tipp

Weitere Aufräumtipps

- Halten Sie Feuchttücher griffbereit und wischen Sie immer wieder über die Arbeitsfläche.
- Legen Sie sich außerdem einfarbige Ordner zu.
- Besorgen Sie sich gute Filzstifte, stabile Trennblätter, ausreichend Umschläge und durchsichtige Folien.
- Werden Sie die lästigen Werbekulis los, stattdessen besorgen Sie sich einen guten Kugelschreiber.
- Drucken Sie nicht alles auf Papier aus.
- Trinken Sie Ihr Wasser aus einem Glas (das möglichst ungemustert und farblos ist).
- Sorgen Sie für ein gutes Schreibtischlicht.
- Verstauen Sie sämtliche Büroutensilien, damit sie nicht lose in den Schubladen herumfliegen.
- Entrümpeln Sie vor allem auch Ihre Pinnwand, indem Sie alle wichtigen Telefonnummern, Adressen und Notizen ordentlich abtippen und in Ihre Kartei einsortieren.
- Hängen Sie sich einen Jahreskalender vor die Nase, so verpassen Sie künftig garantiert keinen wichtigen Termin mehr.
- Verlassen Sie Ihren Schreibtisch immer ordentlich aufgeräumt.

Doch egal, wie strukturiert und organisiert Sie Ihren Job auch managen, es kann sein, dass spontane Aufträge folgen und die To-do-Liste immer länger wird. Teilen Sie Ihren Tag am besten auch in drei Hälften, damit Sie das Nötigste bereits vormittags erledigen, das Machbare nachmittags und alles eventuell Umsetzbare – wenn noch Zeit bleibt, dann – in den letzten Arbeitsminuten hinter sich bringen können.

Nein sagen

Sollten Sie das Gefühl haben, trotz guten Selbstmanagements mit Aufgaben überhäuft zu werden, trauen Sie sich auch mal Nein zu sagen. Lassen Sie die Vorstellung los, Sie könnten mit Ihrer Absage jemanden kränken oder Ihre Karriere gefährden. In der Psychologie spricht man von einer kognitiven Dissonanz, wenn ein Mensch mehrere Wahrnehmungen, Gedanken, Vorstellungen etc. hat, die sich nicht miteinander in Einklang bringen lassen. Das tritt beispielsweise dann ein, wenn es jemand nicht erträgt, an etwas schuld zu sein, nicht gemocht oder wegen irgendeiner Sache angeklagt zu werden. Ein Jasager wird sich ständig mit der Frage beschäftigen, was andere über ihn denken. Das Gehirn befindet sich – wissenschaftlich gesprochen – in einem Zustand der Unordnung. Und da wir ohnehin gerade dabei sind, für Ordnung zu sorgen, müssen wir der Ursache für die Unordnung im Kopf auf den Grund gehen. Die kognitive Dissonanz entsteht, wenn das Selbstbild nicht mehr mit der Außenwahrnehmung übereinstimmt. Die gängige Praxis ist dann ein permanentes Jasagen oder, wenn man sich kritisiert fühlt, anderen die Schuld zuzuweisen. Sie tun aber niemandem einen Gefallen, wenn Sie den wachsenden Aufgabenberg nicht mehr stemmen können und einen Sündenbock dafür suchen. Ballast abwerfen heißt, eine gelassene Haltung einzunehmen, das heißt, sich weniger davon ablenken zu lassen, was andere möglicherweise über Sie sagen oder denken könnten. Auch das Vergleichen mit einem anderen und die damit einhergehende Abwertung der Person ist keine Lösung.

Ständiges Jasagen hat mit Mitgefühl oder Gutes tun nichts zu tun! Hier sind Sie vielleicht in eine Falle getappt, wobei die Ursache dafür Unwissenheit, Verblendung oder vielleicht das Streben nach Anerkennung sein könnte. Nein sagen und trotzdem nett sein, das ist möglich! Also runter vom Egotrip oder raus aus dem mangelnden Selbstwertgefühl und rauf auf den Mittleren Weg!

Das ist immer ein Balanceakt, da gebe ich Ihnen recht. Denn man kann dabei leicht auf die entgegengesetzte Schiene geraten und vom selbstbewussten Neinsager zum engstirnigen Alleingänger mit Ellbogenhaltung mutieren. Also überlegen Sie sich vielleicht bei der nächsten Anfrage eine kooperative Strategie. Bitten Sie stets um Bedenkzeit, lassen Sie sich weder überrennen, ausnutzen noch manipulieren. Setzen Sie auf gesunden Menschenverstand, Intuition und Vertrauen, was Sie vor allem durch Achtsamkeit im Alltag bewusst einüben können. Helfen Sie anderen in einem gewissen Rahmen und lassen Sie sich ebenfalls unterstützen. Ihr Gewinn besteht in mehr Zeit, mehr Respekt, guter Kooperation, qualitätvollen Arbeitsergebnissen und vor allem in einem sich gut anfühlenden, erfüllten Arbeitstag!

Take a Break!

Doch Achtsamkeit beginnt nicht erst in den Büroräumen, sondern bereits auf dem Weg zur Arbeit. Fangen Sie an, Ihren Arbeitsweg bewusster wahrzunehmen und ihn interessanter zu gestalten. Um sich beispielsweise schon morgens dem Stress zu entziehen, gewöhnen Sie sich an, eine Viertelstunde früher aus dem Haus zu gehen. Nehmen Sie bewusst das Tempo heraus, indem Sie die Dinge ruhiger angehen. *Slow & Flow* statt eines Lebens auf der Überholspur. Wählen Sie morgens auch mal eine andere Route und genießen Sie Ihr Croissant in Ruhe auf einer Parkbank, anstatt es, wie sonst üblich, nebenbei in sich hineinzustopfen. Dabei stellen Sie vielleicht fest, dass ein Croissant nicht unbedingt die beste Frühstücksvariante ist. Vielleicht packen Sie sich stattdessen das nächste Mal ein reichlich belegtes Vollkornbrötchen und einen knackigen Apfel ein. Trinken Sie Ihren Kaffee vielleicht das nächste Mal direkt beim Bäcker und nehmen Sie sich Zeit zum Lesen einer Tageszeitung. Anstatt die Seiten nur zu überfliegen, konzentrieren Sie sich bewusst auf einen ausgewählten Artikel, der Sie wirklich interessiert. Fühlen Sie, wie beruhigend sich Konzentration und Fokussierung auf eine einzige Sache anfühlen. Wenn Sie anschließend mit der Arbeit beginnen, kann Ihnen nichts mehr etwas anhaben. Ihre gelassene Einstellung wirkt sich zudem positiv auf den restlichen Tag aus, probieren Sie es aus!

Kleiner Tipp: Lassen Sie sich während des weiteren Tagesverlaufs nicht aus der Ruhe bringen. Versuchen Sie, Ihre Achtsamkeit auf alle Situationen im Berufsalltag zu übertragen. Stapeln sich die Aufträge, machen Sie drei Aufgabenberge daraus: einen notwendigen, einen möglichen und einen eventuell machbaren Aufgabenberg. Bitten Sie um die notwendige Ruhe zur Bearbeitung und wundern Sie sich am Ende des Tages, was Sie alles erledigen konnten.

Genauso wie Sie fortan Ihren Weg zur Arbeit bewusster wahrnehmen sollten, können Sie auch Ihre Mittagspause achtsam gestalten. Kehren Sie dafür Ihrem Schreibtisch den Rücken und lassen Sie sich von der Sonne kitzeln. Eine Viertelstunde genügt, um seine Tagesration an Vitamin D wieder aufzufüllen. An der frischen Luft können Sie zudem erst einmal richtig tief durchatmen. Nutzen Sie Ihre Mittagspause auch für Gespräche mit Kollegen, vertreten Sie sich die Füße und genießen Sie Ihren mitgebrachten Lunch. Aber machen Sie nicht alles gleichzeitig! Stopfen Sie sich nicht die Stulle in den Mund, während Sie nebenher auf Facebook chatten. Die Pause sollte wirklich als Pause dienen und zur Glücksfokussierung genutzt werden. Reflektieren Sie beispielsweise den bisherigen Tagesverlauf. Machen Sie sich bewusst, was Sie schon alles geschafft haben (nicht vergessen, positiv denken!). Wenn Sie achtsam sind, fallen Ihnen auch die kleinen Dinge auf, die Sie im Lauf des Vormittags bereits erledigt haben, wie die Eingänge im E-Mail-Postfach bewältigen, ein klärendes Gespräch führen, die Briefe fertig schreiben und rechtzeitig einwerfen, um die Mittagspause pünktlich zu beginnen. Sie können diesen Augenblick als informelle Meditation ansehen.

Die Vier Ohren

Gibt es dann doch den einen oder anderen Kollegen, der Ihnen zu schaffen macht, hilft Ihnen die Kenntnis Ihrer „Vier Ohren", nach einem Ansatz von Schulz von Thun aus der Kommunikationsforschung. Denn es gibt Situationen im Leben, da will einem das Loslassen einfach nicht gelingen. Nehmen wir als Beispiel den kritisierenden Abteilungsleiter vom Anfang. Seine Bemerkungen lassen Sie einfach nicht mehr in Ruhe. Sie kochen innerlich, grübeln noch lange nach, und schlimmstenfalls bereiten sie Ihnen schlaflose Nächte. Diese Reaktion hat nicht immer nur mit Ihrem Selbstwert zu tun. Stresst Sie eine Situation, müssten Sie evolutionsbiologisch entweder die Flucht ergreifen, um die Stresshormone schnellstmöglich abzubauen, oder sich körperlich verteidigen. Beides ist heute unmöglich umsetzbar! Wir können nicht einfach davonlaufen, schlagfertig kontern oder mit der Faust auf den Tisch hauen. Was also tun? Lassen wir es doch gar nicht erst so weit kommen, würde Buddha sagen. Aber einfach gelassen zu bleiben ist in der Tat oft schwierig, vor allem wenn wir es mit Kritik vom Chef zu tun haben. Wir wissen theoretisch, dass es sinnlos ist, sich wegen eines blöden Kommentars oder einer kritischen Äußerung den Kopf zu zerbrechen, doch unsere Gefühle spielen ihr eigenes Spiel! In der Praxis sind wir verunsichert, verletzt und es kann uns sogar aus der Bahn werfen. In einer solchen Situation erscheinen uns Buddhas gut gemeinte Ratschläge – etwa Meditation oder das richtige Handeln – utopisch. Wie verhalten wir uns richtig, wenn es konkret darauf ankommt?

Buddha nennt „Wissen" als dritten wichtigen Aspekt zur Aufhebung des Leidens, diesen haben wir bislang allerdings noch nicht eingehend genug betrachtet. Vor allem beim Thema Kommunikation kann man nie genug wissen. Denn Kommunikation wird oftmals unterschätzt. Sie ist so selbstverständlich, weil sie jeden Tag stattfindet, sowohl verbal als auch wortlos (wir denken da an unsere Körpersprache, Signale und bestimmte Handlungen).

Kommunikation kommt vom Lateinischen *communicare* und bedeutet „teilen“. Deshalb ist es umso wichtiger zu verstehen, wie wir kommunizieren und was alles dahintersteckt. Kommunikation ist kompliziert. Denn aufgrund verschiedener Perspektiven, Überzeugungen und Verständigungsmechanismen ergeben sich viele Missverständnisse. Wieso verstehen wir uns nicht? Warum reden wir aneinander vorbei? Ein einziger Satz genügt, und schon stehen verschiedene Aussagen im Raum. Es kommt also ganz darauf an, wie wir eine Aussage aufnehmen und deuten.

Wir kennen nun die Vier Edlen Wahrheiten, die Vier Edlen Kisten, und nun stelle ich Ihnen die Vier Ohren vor. Jeder Mensch verfügt über vier Ohren, sagt die Kommunikationspsychologie. Sie hat herausgefunden, dass wir mit vier Ohren durchs Leben laufen oder, besser gesagt, dass wir eine Nachricht aus vier verschiedenen Perspektiven verstehen und bewerten können. Diese Erkenntnis bezüglich der vier verschiedenen Aussagemöglichkeiten hilft Ihnen zu verstehen, warum wir einiges persönlich nehmen, während uns andere Aussagen total gleichgültig sind. Es kommt auch darauf an, wer etwas sagt und wie er das tut. Da wir vier Ohren haben, ist die Gefahr also viermal so hoch, etwas falsch zu verstehen.

So kann die Äußerung eines Menschen als rein informativ angesehen werden, als Appell wirken, eine Selbstoffenbarung sein oder einen persönlichen Bezug herstellen. Teilt Ihnen beispielsweise Ihr Vorgesetzter im Vorübergehen mit, dass Sie noch immer den Briefstapel auf Ihrem Schreibtisch liegen haben, werden Sie sich anschließend fragen, ob das eine Kritik, ein Hinweis oder eine Aufforderung war: „Warum sagt er das? Er weiß doch, dass ich gerade an einer anderen Aufgabe sitze. Worauf will er mich hinweisen?“ Das eine Ohr hört die reine Information („Die Briefe liegen auf dem Tisch“), das andere die Selbstoffenbarung des Chefs („Das finde ich nicht gut, dass die da noch liegen“). Das dritte Ohr ist in der Tat unser Sensibelchen („Du bist so langsam, die Briefe liegen noch immer da!“), und das vierte Ohr appelliert an uns („Ich will, dass die Briefe bearbeitet werden!“).

Die meisten von uns hören mit dem dritten, also mit dem sensiblen Beziehungsohr. Und so schwirren uns den ganzen Tag Gedanken durch den Kopf wie „Was hat er gegen mich? Wieso mag sie mich nicht? Warum werde ich gemobbt? Schon wieder kritisieren sie mich!“ usw. Buddha würde glatt meinen, das sei purer „Egozentrismus“ und wir bewerteten die Situation über. Dabei stellen wir unsere Gefühle zu stark in den Vordergrund und machen uns abhängig von äußeren Umständen. Die Ursachen des Leidens sind Nichtwissen („Was meint er?“), Verblendung („Bestimmt hat er was gegen mich!“) und die daraus resultierende Gier („Ich will aber gemocht und gelobt werden!“). Das Interessante dabei: Diese Gedanken sind keineswegs Realität, sondern lediglich das Ergebnis unserer Interpretation.

Wir erleichtern uns das Leben enorm, wenn wir uns dieses Wissen zunutze machen! Benutzen Sie fortan Ihr erstes Ohr (Information). Versuchen Sie, aus der Message immer zuerst die reine sachliche Information herauszuhören. Wenn es nun eine Äußerung Ihres Chefs ist, schadet es nicht, auch das vierte Ohr auf ihn zu richten (Appell), damit die Aufgaben schnell erledigt werden können. Sie werden künftig viel gelassener auf Aussagen reagieren, wenn Sie Ihr Beziehungsohr so oft wie möglich verschließen. Kritik wird Ihnen nichts mehr anhaben, weil Sie von vornherein wissen, wie die Sätze „gehört“ werden müssen. Wenn Sie richtig zuhören lernen, können Sie sogar Mitgefühl praktizieren, weil Sie plötzlich ganz andere Aussagen wahrnehmen. Das zweite Ohr offenbart Ihnen zum Beispiel, dass Ihr Gegenüber eigentlich ein ganz anderes Problem hat. Der Satz entpuppt sich dann eher als ein wichtiger Hinweis (zum Beispiel darauf, was Ihr Chef für äußerst dringlich oder für weniger wichtig hält)! Und schon drehen Sie den Spieß um und können die Sachen in der richtigen Reihenfolge anpacken.

MIT BUDDHA DAS TEILEN LERNEN

Minimalismus in die Tat umgesetzt, ist vor allem eine soziale Angelegenheit. Und Buddha bezeichnet das Mitgefühl als den einfachsten und sichersten Weg zum wahren Glück. Dabei hat sich herausgestellt, dass Teilen langfristig glücklicher macht als Selbst-Besitzen. Wir sind altruistische Wesen. Wenn wir unser Zeug loswerden, können wir alle glücklich machen, einschließlich uns selbst.

Let's Share

Sie werden wahrscheinlich bereits hier und da auf den Geschmack gekommen sein. Spätestens beim Entrümpeln Ihrer eigenen vier Wände haben Sie schon Sachen verschenkt, verscherbelt oder getauscht. Warum aber teilen Menschen Dinge miteinander, mit Leuten, die sie gar nicht kennen?

Die Geiz-ist-geil-Mentalität wird anscheinend allmählich abgelöst durch die sogenannten kollaborativen Konsumenten. Immer mehr Menschen fragen sich, warum man etwas besitzen müsse, wenn man sich das Teil auch leihen, tauschen oder es mit anderen teilen kann.

Woher kommt dieser Neo-Altruismus plötzlich? Ist das ein schicker neuer Trend, dem man folgen möchte, weil er den tollen Stempel aufgedrückt bekommen hat, besonders nachhaltig, ökologisch und solidarisch zu sein? Findet wirklich ein Umdenken statt oder handelt es sich hier um einen versteckten erlebnisorientierten Spaßkonsum? Sind die Teilnehmer und Aktivisten dieser Bewegung tatsächlich an Nachhaltigkeit und Umweltverträglichkeit interessiert, oder geht es nur darum, auf eine alternative Weise weiterzukonsumieren, aber das in einer Form, die wenigstens das eigene Gewissen beruhigt? Existiert hierbei vielleicht doch der Hintergedanke an einen eigennützigen Vorteil wie soziale Anerkennung, Coolness und gesellschaftliches Ansehen?

Teilen ist nichts Neues, aber es macht glücklich, keine Frage. Die Folgen des derzeitigen Hyper-Konsums (Stichwort: Müllberge, Ressourcenverschwendung, Klimaerwärmung etc.) sind nicht zu übersehen. Kann man tatsächlich mithilfe der Internetplattformen, worüber die meisten der Sharing-Aktivitäten organisiert und koordiniert werden, gemeinsam eine etwas bessere Welt schaffen? Sehen wir uns doch die Sharing-Bewegung einmal genauer an.

Warum wir teilen

„Muss ich das wirklich noch kaufen?", fragt sich vor allem die junge Generation immer häufiger und greift lieber verstärkt auf Online-Tauschbörsen und Leih-Plattformen zurück. Getauscht, geliehen, verschenkt und geteilt wird so ziemlich alles, was man sich nur vorstellen kann: von materiellen Dingen wie Designeroutfits, anderer Kleidung, Büchern, Haushaltsgeräten, Werkzeug und Autos bis hin zu immateriellen „Schätzen" wie Kenntnissen, Zeit, Erfahrungen und Wissen. Auch die eigenen vier Wände, der Garten oder die Küche werden gemeinschaftlich genutzt, Büroräume, Parkplätze und der Internetanschluss miteinander geteilt.

Beim Durchstöbern sämtlicher etablierter Internetseiten zweifelt man immer mehr an der Vermutung, wir hätten es hier mit einem spaßorientierten Kurzzeithype zu tun. Seit dem großen Bankencrash und der globalen Rezession im Jahr 2008 lässt sich verstärkt ein Wertewandel beobachten, der sich weltweit vollzieht und bei einzelnen Usern widerspiegelt. Immer mehr Menschen hinterfragen den bislang lautstark propagierten Wohlstand und Besitz, vor allem diejenigen, die ihn von heute auf morgen verloren haben.

Die Karten „Mein Haus, mein Auto, meine Jacht" werden eingetauscht gegen immaterielle Dinge wie Gemeinschaftlichkeit, Solidarität und mehr Freizeit. Plötzlich setzt man auf Nachbarschaftshilfe und der Konsum findet jenseits der Konzerne statt. Das Prinzip „Was mein ist, ist auch dein" fußt vor allem auf Vertrauen, Offenheit und Kooperation. Die ganze Welt vernetzt sich, Betten werden an Fremde vermietet, Bedürftigen wird Hilfe angeboten und die Nähe zueinander immer stärker gesucht.

Die Nutzer des Internets teilen seit jeher Inhalte, Wissen, Fotos und Videos miteinander. Natürlich basieren viele der dazu verwendeten Strukturen stark auf Unterhaltung und Kommerz und fördern eine gewisse Form der Selbstdarstellung. Das Internet fördert aber auch eine bemerkenswerte Interaktion außerhalb des Computers: Menschen vernetzen sich online, um sich offline zu treffen und lokal etwas auf die Beine zu stellen.

Aber woher kommt diese neue alternative Konsumkultur? Warum teilen wir unsere Besitztümer mit fremden Leuten? Mit dem Teilen fängt alles an. Menschen handeln schon seit Urzeiten altruistisch. Sie teilen ihren Besitz, ihre Nahrung und das Zuhause. Etwas miteinander zu teilen, bedeutet Zusammenhalt und gegenseitige Unterstützung. Selbst die Tierwelt macht es uns vorbildlich vor: seien es die Bienen, die Elefanten oder gar ganze Wolfsrudel. Ist Teilen also ein angeborenes Instinktverhalten oder lässt es sich anerziehen? Buddha würde vermutlich sagen, dass in jedem von uns die natürliche Fähigkeit zum Teilen steckt, dass aber durch die Geistesgifte diese Fähigkeit im Alltag immer wieder vergessen wird. Evolutionsbiologen unterstreichen die Bedeutung altruistischen Handelns als Voraussetzung für ein erfolgreiches, verantwortungsbewusstes und vorteilhaftes Leben. Erst durch Kooperation kommt der Mensch in seinen Bestrebungen voran.

Teilen, Leihen und Tauschen bringen nicht nur finanzielle Vorteile, dabei werden auch menschliche Beziehungen geknüpft, gefestigt und gepflegt. Neben dem guten Gefühl, das sich beim Teilen einstellt, sensibilisiert man sich für die Umwelt und seine Mitmenschen, gewinnt Anerkennung und viele neue Freunde. Der Einsatz für eine gute Sache beruhigt nicht nur das eigene Gewissen, sondern man fühlt sich auch als Teil eines großen Ganzen. Teilen verbindet, fordert Respekt und fördert die Begegnung mit anderen. Fremde bauen auf Vertrauen und ernten am Ende vielleicht Freundschaft. Es liegt an jedem Einzelnen, welche Einstellung er selbst dabei hat und was er daraus macht. Und vergessen Sie nicht: Auch Buddha hat sein Wissen und seinen Erleuchtungsgedanken mit der Welt geteilt.

KoKonsum versus Egomanie

Besitz, wie ihn unsere Eltern noch eifrig angesammelt haben, empfindet die heutige Generation zunehmend als Ballast. Gegenstände im Wert von geschätzten 35,5 Milliarden Euro stehen in unseren deutschen Haushalten unbenutzt herum. Mit dem bisherigen eher unüberlegten Konsumverhalten wird oft auch eine Wegwerfmentalität bzw. eine Einweggesellschaft verbunden: 80 Prozent der heute gekauften Waren benutzen wir demnach weniger als ein Mal im Monat. Eine Bohrmaschine etwa wird im Durchschnitt nur 13 Minuten ihres Produktlebens gebraucht, den Rest der Zeit liegt sie unbenutzt im Keller oder auf dem Dachboden. 99 Prozent der Produkte und Verpackungen landen innerhalb eines halben Jahres nach dem Erwerb auf der Mülldeponie.

Wir wollen, dass es uns gut geht, und das am besten sofort. Sind wir mal wieder enttäuscht, unzufrieden oder schlecht drauf, greifen wir auf schnell verfügbare „Stimmungsaufheller" zurück, die oft mit dem Konsum materieller Güter gekoppelt sind. Man erkauft sich sein vermeintliches Glück. Doch dieses, so stellt man schnell fest, ist nur von kurzer Dauer. Das befriedigte Besitzstreben hält nur eine kurze Weile vor, und rasch ist der Drang nach mehr wieder da. Auf diese Weise findet die Gier nie ein Ende. Sie wird immer größer und artet vermutlich irgendwann in völlige Maßlosigkeit aus.

Das bisherige Konsumverhalten – das bedeutete in der Regel, sein „schwer verdientes Geld" in materielle Sachen zu investieren – wird allmählich abgelöst vom freiwilligen Verzicht und einem neuen, einfachen Lebensstil. Es heißt dann „Sein statt Haben" und „Weniger ist mehr". Motiviert ist das Ganze hauptsächlich durch den Gemeinschaftsgedanken, aber auch durch die größer werdende Umweltsorge, Ressourcenknappheit und nicht zuletzt durch den Gedanken, etwas Geld zu sparen. Immaterielle Werte werden wichtiger denn je.

Die Bewegung trägt die englische Bezeichnung *Share Community* bzw. *Sharing Economy*. Man spricht von *Collaborative Consumption* bzw. KoKonsum. Gelegentlich ist auch die Rede von LOVOS (Lifestyles of Voluntary Simplicity) und LOHAS (Lifestyles of Health and Sustainability). Bei der Gruppe OuiShare finden sich europaweit Menschen zusammen, die sich mit neuen Ideen, Visionen und Aktionen für eine „bessere Welt“ einsetzen. Das *Oui* steht dabei sowohl für die Bejahung (französisch *oui* = ja) und gleichzeitig (englisch *we* ausgesprochen) für wir. Allen gemeinsam ist die Ausrichtung auf den kooperativen Zweck: Sie sind aktiv, vielseitig, global vernetzt und sie nutzen soziale Netzwerke, organisieren sich über Internetplattformen und neue Medien. Sie setzen auf Vertrauen und hinterfragen eingefahrene Gewohnheiten und eingeschliffene Denkmuster kritisch. Im Do-it-yourself-Stil werden Dinge nicht mehr neu gekauft oder nach Gebrauch einfach weggeworfen, sondern repariert und selbst geschöpft. Interaktion, Nachhaltigkeit und Solidarität spielen ebenfalls eine zentrale Rolle. Getreu dem Motto „Wir sind die Welt und diese gehört uns allen – die nächsten Generationen sollten ebenfalls was von ihr haben“, hat sich bei vielen Menschen eine insgesamt achtsame und ganzheitlich orientierte Lebenseinstellung herausgebildet.

Die materielle Sättigungsgrenze ist erreicht. Die Frage nach dem tieferen und oftmals auch spirituellen Sinn des Lebens rückt bei vielen Menschen immer stärker in den Vordergrund.

Spieglein, Spieglein in meinem Kopf

Teilen macht Spaß und glücklich. Auch wenn einige Leute dahinter vielleicht eine neue Geschäftsidee wittern. Schwarze Schafe und Schmarotzer wird es leider immer geben. Insgesamt aber lässt sich eines sagen: Anderen eine Freude zu machen fühlt sich immer noch besser an, als einfach sinnlos draufloszushoppen.

In Buddhas Sinn bildet die wechselseitige Abhängigkeit aller Lebewesen voneinander die Grundlage des Teilens. Wer aber eigennützig und egoistisch durchs Leben geht, verpasst den wahren Sinn. Das Glück der anderen darf uns nicht egal sein. Alles steht in unmittelbarer Abhängigkeit zueinander. Leidet jemand, so färbt das auch auf uns selbst ab. Buddha erklärt diesen Aspekt folgendermaßen: Bei seiner großen Suche nach dem glücklichen Leben erkannte er, dass jeder von uns letzten Endes dasselbe Ziel verfolgt. Der Mensch ist – egal, was er tut – darum bemüht, das Leiden loszuwerden und dauerhaftes Glück zu erlangen. Dem einen gelingt es gut, dem anderen weniger. Wenn wir mit uns selbst im Einklang sind, sollten wir andere dabei unterstützen, ihrem Glück näherzukommen. Die wechselseitige Wirkung ist unübersehbar: Kann ich die Mitmenschen um mich herum glücklich stimmen, werden sie dieses positive Gefühl auch auf mich übertragen und mich an ihrem Glück teilhaben lassen. Geteiltes Glück ist doppeltes Glück! Buddha vergleicht das Teilen mit der Flamme einer Kerze: Sie kann tausend andere Kerzen anzünden und zum Leuchten bringen, ohne dass ihr eigenes Licht dadurch schwächer wird. So verhält es sich auch mit geteilter Freude.

Alle Lebewesen und die Umwelt sind Buddha zufolge eng miteinander verbunden: Handele man jedoch egoistisch und sei ausschließlich auf den eigenen Vorteil bedacht, laufe man desinteressiert durchs Leben. Die Menschen ringsherum kümmerten einen nicht. Damit verschließe man sich jeglicher Interaktion, was allmählich in Misstrauen und Zweifel oder direkt in die Isolation führe. Wir sind jedoch soziale Wesen, unser Glück hängt stark von anderen ab. Wenn wir großzügig handeln, geben wir etwas an andere weiter, das wir irgendwann wieder zurückbekommen. Das Glück, so Buddhas Message, kehrt wieder zu uns zurück. Er bezeichnet deshalb das Mitgefühl bzw. die Empathie (das Einfühlungsvermögen) als einen der zentralen Aspekte unseres Daseins. Üben wir uns verstärkt in Mitgefühl und Achtsamkeit, verschwindet Unzufriedenheit wie von alleine. Wir werden dann von vielen kleinen Glücksmomenten des Alltags überrascht. Vorausgesetzt, unsere Einstellung stimmt!

Interessanterweise teilen aktuelle wissenschaftliche Studien aus der Psychologie, Pädagogik, Biologie und selbst aus der Medizin diese Ansicht. Bemerkenswert sind vor allem die neuesten neurowissenschaftlichen Erkenntnisse über unsere sogenannten Spiegelneuronen. Empathie und Mitgefühl lassen sich durch bildgebende Verfahren im Gehirn lokalisieren und in den Laboren veranschaulichen. Demzufolge springen dieselben Regionen im Gehirn an, ganz gleich, ob der Betreffende eine Handlung selbst vollzieht oder nur jemand anderem dabei zuschaut. Beim Betrachten eines Vorgangs werden dieselben Aktivitätsmuster angeregt. Mit diesen Spiegelneuronen können auf diese Weise auch Emotionen und Reaktionen des anderen nacherlebt werden. Freut sich mein Gegenüber, lasse ich mich von seinen Gefühlen regelrecht anstecken. Wir erleben das vor allem bei besonders traurigen Filmen, wenn dann plötzlich die eigenen Tränen kullern – andersherum können uns lachende Menschen einfach anstecken, ohne dass wir selbst einen Grund zum Lachen haben. Schnell färbt aber auch eine schlechte, das heißt launische, depressive, pessimistische Stimmung auf uns ab. Unsere Aufgabe ist klar: Wir Menschen sind aufeinander angewiesen, unser Allgemeinwohl hängt von jedem Einzelnen und dem Verhalten untereinander ab. Üben wir uns in Mitgefühl, wirkt sich das langfristig positiv auf uns und unser Umfeld aus. Die Entdeckung der Spiegelneuronen ist der beste Beweis dafür!

Übung ist alles

Die neurowissenschaftlichen Erkenntnisse verraten uns sogar, wie wir unser Mitgefühl besser schulen können: durch ständige Meditation und das Training unseres Gehirns. Also nichts, was

Buddha nicht schon wusste! Mit Meditation zum ewigen Glück. Mitgefühl, so die Neurowissenschaftler, lässt sich erlernen wie ein Instrument, eine Sprache oder Fähigkeit. Wie das? Die Gehirnareale, in denen das Lernzentrum sitzt, verändern sich bei regelmäßiger Aktivität. Wie beim Vokabellernen oder Klavierspielen festigt sich neues Wissen allmählich und prägt sich tief in unser Denksystem ein. Durch das ständige Wiederholen bilden und verbinden sich bestimmte Synapsen im Gehirn, und sein Volumen nimmt an den entsprechenden Stellen sogar zu. Aus dem Erlernten wird irgendwann eine Gewohnheit, und die wird schließlich zur persönlichen Eigenschaft. Erst die Übung macht den Meister, wie wir wissen. Der Meditierende übt sich immer besser darin, sich im Alltag achtsam zu verhalten und Empathie gegenüber seiner Umwelt zu entwickeln. Auch positives Denken, Weitsicht oder Charakterstärke lassen sich durch diese Techniken festigen. Auf den Alltag übertragen: Man nimmt bestimmte kritische Situationen nicht mehr so ernst, sondern reagiert stattdessen großzügig, gelassen und zufrieden. Das sind perfekte Voraussetzungen für ein einfaches und glückliches Leben. Finden Sie nicht auch?

Altruistisches Verhalten – wie Teilen und Gutes tun – trägt auch dazu bei, dass man sich in seiner Haut wohlfühlt. Es dient nicht vorrangig dazu, sein Gewissen zu beruhigen, sondern schließt den ganzheitlichen Aspekt mit ein. Probieren Sie es aus. Teilen Sie etwas mit einem Ihnen nicht allzu nahestehenden, vielleicht sogar fremden Menschen. Erfahren Sie selbst, welchen positiven Effekt das Teilen auf Ihr Gemüt hat, und beobachten Sie die Langzeitwirkung. Wiederholen Sie das ein paarmal, und Sie werden sehen, wie viel einfacher es mit jedem Mal fällt. Auf die Reaktionen Ihrer Mitmenschen dürfen Sie sich jetzt schon freuen! Sie werden nicht nur als sympathisch(er) wahrgenommen, man wird Ihnen selbst stets höflich und respektvoll entgegentreten. Auf diese Weise werden Sie Ihre Kontakte vertiefen und Vertrauen gewinnen. Auch hierbei den Mittleren Weg zu beschreiten bedeutet, dass Sie Ihre Mitmenschen nicht plötzlich mit Geschenken überhäufen. Denn das könnte falsch verstanden werden, und Sie bewirken womöglich gar das Gegenteil.

Zur Übung lässt sich beispielsweise die Kiste Nummer 3 wunderbar heranziehen. Darin befinden sich brauchbare und gut erhaltene Dinge, die Sie schon lange in Ihrer Wohnung herumstehen haben, aber im Prinzip nicht mehr benötigen. Haben Sie nichts mehr da, dann geben Sie doch mal einen Kaffee aus, schenken Sie Zeit oder teilen Sie Ihr fachliches Know-how in einer bestimmten Sache. Was sonst noch alles geteilt wird in der Sharing Community, erfahren Sie im folgenden Abschnitt. Vielleicht bringt es Sie sogar auf weitere Sharing-Ideen …

KoKonsum heute

Ganz nach dem Motto „Zusammen isst man weniger allein" können sich beispielsweise Menschen, die keine Lust haben, alleine zu kochen oder den Abend einsam zu verbringen, über sogenannte Mitesszentralen einem *After Work Social Cooking* oder *Social Dining* anschließen. Allein in Deutschland leben mittlerweile 40 Prozent der Bevölkerung in einem Singlehaushalt. Das sind rund 13 Millionen Menschen, Tendenz steigend. Man verabredet sich bei jemandem in seiner privaten Küche oder lädt selbst andere zu sich nach Hause ein. Je nach Plattform werden die Treffen beispielsweise über ein Punktesystem geregelt, das ganz einfach funktioniert: Empfängt man Gäste, erhält man Punkte, besucht man andere, bezahlt man mit Punkten. Gemeinsames Kochen macht nicht nur mehr Spaß, es bringt Menschen zusammen, spart Geld, Zeit und ist umweltverträglich (im Durchschnitt landet in deutschen Haushalten nämlich *ein Drittel* der Lebensmittel im Müll). Das Angebot an Social-Dining-Gruppen ist vielfältig: Hier treffen Veganer, Neuhinzugezogene, Partyfans und Tierliebhaber zusammen. Gemeinsames Essen kann zum Beispiel als Sprungbrett zum beruflichen Erfolg dienen, es können aber auch Durchreisende, die den Abend sonst allein im Hotelzimmer verbracht hätten, auf diese Weise ihren Abend retten. Und wer weiß: Vielleicht entspinnt sich beim *After Work Cooking* die eine oder andere Romanze, wenn sich gute Gespräche ergeben, Kerzen funkeln und das Essen mundet.

Übrig gebliebenes Essen muss man nicht wegwerfen, sondern kann es über ein paar Mausklicks an andere Menschen weitergeben. Steht beispielsweise der große Urlaub an und der Kühlschrank ist noch proppenvoll, kann man die Lebensmittel im Netz anbieten und sie von Interessenten abholen lassen. Auch einzelne Bäckereien oder Lebensmittelhändler beteiligen sich mittlerweile an diesem Konzept. Fehlt dann mal an einem Sonntag die Butter zum Backen, hat man vielleicht Glück und findet einen Anbieter in seiner Nähe.

Eine andere Plattform verweist auf die in ganz Europa herumstehenden herrenlosen Obstbäume, Beerensträucher und Kräuterbüsche. Fast wie in der Steinzeit wird so eine Wiese zum Buffet und jeder Spaziergang dorthin zur kulinarischen Herausforderung. Und wenn man nicht recht weiß, was man nun mit den gesammelten Holunderblüten, Haselnüssen oder dem Giersch anstellen soll, holt man sich auf dieser Seite Inspiration und Rezeptideen. Auch Bauern bieten hier ihr übrig gebliebenes Erntegut an, und sogenannte Mostereien (die ebenfalls auf der Karte angezeigt werden) pressen aus dem Obst leckere Fruchtsäfte.

Insgesamt stehen Gartenarbeit und Selbstanbau hoch im Kurs. Immer mehr Flächen werden als Gärten genutzt, gemeinschaftlich bebaut und bewirtschaftet (auch als *Community Gardens*, *Landsharing*, *Urban Gardening* oder *Guerilla Gardening* bekannt). Vor allem in Großstädten, wo Verkehrslärm, Hektik und graue Hochhaussiedlungen das Stadtbild prägen und Gartenarbeit nicht gerade zu den täglichen Aufgaben der Stadtbewohner gehört, offenbart sich ein vermehrtes Bedürfnis nach Grün, gesunden Lebensmitteln und Gemeinschaft. Da Anfängern oft das landwirtschaftliche Know-how fehlt, sind sie besonders auf den Austausch mit erfahrenen Hobbygärtnern angewiesen. In solchen solidarisch genutzten Gärten begegnen sich unterschiedlichste Generationen, Berufsklassen und Kulturen. Die mobilen Gemeinschaftsgärten zeichnen sich vor allem dadurch aus, dass die Pflanzen nicht in den Boden, sondern auf Holzpaletten, in Hochbeete, Kisten oder Säcke eingesetzt werden. So lassen sich etwa zugeteerte, ungenutzte Straßenecken in kleine Paradiese verwandeln. Auch Hochhausdächer bieten attraktive Anbauflächen. Am Ende des Sommers, während eines gemeinsamen Gartenfests, wird die Ernte dann untereinander geteilt oder gleich zu Salat verarbeitet. Hierzu erfahren Sie mehr im nächsten Kapitel (siehe Seite 116ff.). In anderen Fällen bieten Besitzer großer Grundstücke ihre Gärten gar zum Campen an. Andere tauschen Schlafplatz und Verpflegung gegen Arbeitskraft.

Eine weitere Sharing-Idee ist die Verbindung von Kaffee mit einem positiven Nutzen: In einigen Großstädten haben sich sogenannte Zeitcafés etabliert, wo der Besucher statt seines Kaffees die Zeit bezahlt, die er dort verbringt. (Die Idee stammt übrigens aus Russland.) Solche Slow-Time-Konzepte kommen in einer Highspeed-Gesellschaft wie unserer gut an. Diese Cafés ähneln dann eher Großmutters gemütlicher Wohnstube. Am Eingang gibt's Hausschuhe und drinnen anheimelnde Sofaecken, die sehr zum Entspannen und Bleiben einladen. Selbstgebackenes ist willkommen, draußen bleiben sollten allerdings Stress, Hektik und Zeitnot. Und wer selbst kein Haustier halten kann, kommt zum Streicheln und Schmusen in das sogenannte Katzencafé. Hier schleichen die Stubentiger zwischen den Tischbeinen herum und nehmen anmutig auf dem Schoß des Besuchers Platz. Und wer denkt bei Kaffee, Schnurren und Kraulen dann noch an seinen Alltagsstress?

Es gibt auch Kaffeehäuser, in denen man mit einem Extra-Euro die nächste Runde Kaffee *(suspended coffee)* an einen Bedürftigen ausgibt, wieder andere Cafés fungieren als Reparaturstationen, in denen man gemeinsam mit ehrenamtlichen Helfern und handwerklich begabten Menschen an seinen mitgebrachten defekten Teilen herumbasteln kann. Und wer weiß, vielleicht kann man sich ja auf diese Weise sogar selbst ein bisschen Fachwissen aneignen …

Beliebt sind nicht nur bei Minimalisten vor allem Tauschportale für Rad und Auto. Ob Leihen oder Mitfahren, die Angebote sind mittlerweile kaum noch überschaubar. Die Plattform riderunner.de etwa bietet eine gute Übersicht möglicher Mitfahrgelegenheiten in ganz Deutschland und Europa. Hier kann man die Suche nach eigenen Wünschen und Zielen präzisieren. Europas Städte satteln um. *It's Velo-Time!* Gerade in Großstädten steigen viele Leute auf Leihräder um, an die sie über die zahlreichen Mieträdersysteme und Apps gelangen. Ob damit der Berufsweg erleichtert oder Touristen eine tolle Alternative zur Stadtbesichtigung per Bus geboten wird, Leihräder entlasten in jedem Fall den Straßenverkehr, bringen Menschen in Bewegung und machen sie flexibel.

Über sogenannte Gastfreundschaftsnetzwerke und Social-Travelling-Plattformen stellen Menschen in aller Welt ihre privaten Ferienwohnungen, Apartments und Zimmer kostengünstig oder gar umsonst zur Verfügung. Das ist eine tolle Reisealternative und auf jeden Fall gut fürs Portemonnaie! Manchmal ergeben sich dabei nette Abendessen, eine private Stadtführung oder spannende gemeinsame Ausflüge. Diese Art von Reisen basiert sehr stark auf Vertrauen und gegenseitigem Respekt. Um dem Rechnung zu tragen, arbeiten die Gastgeber-Vermittlungsdienste verstärkt mit verschiedenen Verifizierungsmethoden, wie Kreditkartencheck, Verlinkung mit Facebook, Videoaufnahme oder Feedback durch andere Nutzer. Macht man sich die Menschen der Welt zu seinen Freunden, erhält man positive Bewertungen, und damit bleibt man natürlich weiterhin ein gern gesehener Gast in anderen Ländern.

Klamotten, Schuhe, Taschen und Accessoires müssen heute nicht immer nagelneu sein. Zumal sich die Modetrends sowieso ständig ändern, man gerne auf dem Gebiet immer wieder etwas Neues ausprobieren möchte und seine Outfits in regelmäßigen Abständen wechselt. Im Idealfall tauscht man die Sachen einfach mit Gleichgesinnten und hat dabei auch noch richtig viel Spaß. „Swappen statt Shoppen“ („Tauschen statt kaufen“) anstatt „Shop until you drop“ („Einkaufen bis zum Umfallen“). Extravagante Stücke, etwa für einen besonderen Anlass oder eine anstehende einmalige Veranstaltung, kann man mieten, tauschen oder sich aus geeigneten Quellen (Outlets, Secondhand-Läden, Flohmärkten etc.) billiger und nachhaltiger besorgen. Der neueste Trend kommt aus den USA und nennt sich Swap-Party: Zu diesen öffentlichen oder privaten Kleiderbörsen (sie sind mittlerweile sehr breit organisiert) bringt jeder Gast seine alten, aber gut erhaltenen Kleidungsstücke mit und tauscht diese eins zu eins gegen neue Fummel. Bei dem Event „Swap in the City“ bezahlt man zwar Eintritt, dafür gibt’s aber reichlich Livemusik, Sekt, Give-aways und Make-up-Stylisten vor Ort. Auf solchen Swap-Partys wird man nicht nur seine Fehlkäufe los, sondern man ergattert neue Prachtstücke, und das ohne Extra-Bezahlung. Ist das die ultimative Lösung für Shopaholics? Es macht definitiv riesigen Spaß, lädt ein zum Quatschen und Freundschaften-Knüpfen. Keiner muss seine Kleidungsstücke wieder mit nach Hause nehmen, die übrig gebliebenen werden einfach für gemeinnützige Zwecke gespendet.

Wer mal einen Baby- oder Hundesitter, einen Umzugshelfer oder eine Expertenmeinung braucht, wird ebenfalls auf Sharing-Portalen fündig. Alles lässt sich heute teilen, tauschen, leihen: vom Werkzeug über das Faschingskostüm, Tandemrad, Kinderspielzeug bis hin zu Partyutensilien und Fotokamera. Aber auch ausgefallene Gegenstände wie Speditionsanhänger, Popcornmaschine, Hochdruckreiniger oder Snowboardausrüstung kann man sich bequem gegen eine kleine Tagesgebühr ausleihen.

Der nächste Urlaub muss keine Pauschalreise mehr sein, sondern kann in private Wohnzimmer führen oder auf eine kleine Bio-Farm. Dabei lässt sich sogar Geld verdienen, wenn man beispielsweise als sogenannter Housekeeper oder Volunteer tätig wird. Man tauscht Arbeitskraft gegen Kost und Logis und wird dabei Teil einer Familie oder gar Dorfgemeinschaft. Das Konzept „kostenlose Ferien gegen etwas Gartenarbeit" nennt sich *Wwoofing* und ist abgeleitet von der englischen Bezeichnung *World Wide Opportunities on Organic Farms*. Man unterstützt Kleinbauern und Selbstversorger, sammelt Erfahrungen übers Landleben und knüpft dabei interessante Kontakte. Auf der Reisewunschliste steht dann anstelle von *All-Inclusive* oder des Doppelzimmers in einer Vier-Sterne-Klubanlage das Mitwohnen auf einer Bio-Farm: Man hilft Gemüse anbauen, Schlittenhunde anspannen, Ziegenkäse herstellen oder macht sich im Yoga-Retreat-Zentrum nützlich. In der Regel fallen täglich etwa sechs Stunden Arbeit an (das hängt allerdings ganz von Gastgeber und Gastland ab), danach bleibt genügend Zeit zum Erkunden der Gegend oder einfach nur, um seine Seele baumeln zu lassen.

Auch Wissen ist teilbar

Laut Buddha ist Weisheit unabdingbar, um die eigene Unzufriedenheit zu beseitigen. Nichtwissen wiederum bezeichnet er als Geistesgift, das für unsere Unzufriedenheit verantwortlich ist. Nichtwissen führt zum Leiden und Wissen zum Glück! Heute verfügen wir über ein enormes Wissen. Vor allem das Internet bietet uns gute Zugangsmöglichkeiten. Das *World Wide Web* versetzt uns in die Lage, unser Wissen miteinander zu teilen und es als Ressource und Basis sinnvollen sozialen Handelns zu nutzen. Über Sharing-Plattformen stellt das Internet einer breiten Bevölkerungsgruppe Wissen zur Verfügung. Wissen lässt sich aber auch explizit über nichtkommerzielle, kostenlose Online-Plattformen vermitteln, auf denen man zum Beispiel Universitätsabschlüsse nachholen oder ausgewählte Lernkurse in BWL, Philosophie, Kunst oder Informatik belegen kann. Diese Online-Universitäten bieten vor allem finanziell Benachteiligten die Chance einer universitären Ausbildung – ganz ohne Studiengebühren.

Wissen ist aber nicht gleich Wissen. Durch die Demokratisierung des Wissens werden wir heute förmlich von Informationen überflutet. Es gestaltet sich immer schwieriger, Wichtiges von Unwichtigem und Richtiges von Falschem zu unterscheiden. Habe ich es mit einem brauchbaren Inhalt oder mit Schleichwerbung (Product Placement) zu tun? Im Internet fehlen uns oft die Transparenz und Nachvollziehbarkeit. Es kursiert viel Unsinn im weltweiten Netz und kaum einer ist in der Lage, diese Informationsflut zu bewältigen. Umso wichtiger erscheinen uns dann Bewertungen, Meinungen und Erfahrungsberichte anderer. Wir stützen uns auf ihre persönlichen Empfehlungen und Berichterstattungen, auch bei Thema „praktisches fachliches Know-how“. Beim *Skill Sharing* teilen Menschen praktisches Wissen miteinander, wie etwa die Einführung ins Stricken, in das Wildkräutersammeln oder Fahrradreparieren. Die Adressen der einzelnen Plattformen finden Sie im Anhang dieses Buchs ab Seite 136.

MIT BUDDHA DURCH DIE FREIZEIT

Die schönste Zeit ist unsere freie Zeit. Aber nicht, wenn diese auch noch mit Terminen, Freizeitstress und Verpflichtungen vollgestopft ist. Nichtstun soll nicht länger ein Fremdwort sein. Buddha zieht den Stecker und bringt uns runter vom Medientrip. Wenn wir uns achtsam durch den Alltag bewegen, entfachen wir neue Lebensenergien, die uns nicht selten hinaus ins Grüne führen.

Wie Freizeit länger glücklich macht

Unsere Freizeit ist das Einzige, das wir nicht minimalisieren, sondern möglichst maximieren wollen. Mehr davon und bitte so viel wie möglich! Schließlich haben wir unser Leben entrümpelt, den Arbeitstisch geleert, unseren Ernährungsplan umgestellt und sind sogar zahlreiche Dinge losgeworden – nur um am Ende endlich mehr Zeit für Wellness, Familie und das Hobby zu haben, nicht wahr? Aber wie gestalten wir diese Freizeit am besten? Wie viel ist genug? Und kann man sogar zu viel davon haben? Doch vielen Menschen stellt sich die letzte Frage nicht einmal, denn trotz ausgerollter Yogamatte und leer geräumter Regale will sich das eingangs beschriebene Urlaubsfeeling nicht einstellen.

Es geht hier also gar nicht um die Gestaltung der plötzlich zur freien Verfügung stehenden Zeit. Denn diese ergibt sich nicht, weil wir gerade in dieser Beziehung noch eine Menge aufzuräumen haben. Wir tun, machen, gestalten, erledigen, besuchen, probieren, wodurch die freie Zeit in regelrechten Freizeitstress, wenn nicht sogar -terror ausartet! Unsere Gesellschaft ist noch nicht so weit. Wellness- und Spa-Anlagen, Kurorte und Freizeitparks schießen zwar wie Pilze aus dem Erdboden, aber wahrer Müßiggang und süßes Nichtstun müssen erst (wieder) kultiviert werden. In der Regel füllen wir unsere freien Stunden mit zahlreichen Aktivitäten, die sich dann wie lästige Verpflichtungen anfühlen anstatt wie pure Erholung.

Darüber hinaus müssen wir an den freien Wochenenden viele Dinge erledigen, die während der Woche liegen geblieben sind. Da hat man einfach keinen Nerv für Muße, Fitnessübungen und Meditation. Nichtstun fühlt sich noch immer an wie „verlorene Zeit“, Langsamkeit gilt als Schimpfwort und Zeit haben offenbart sich als purer Luxus.

Die Qual der Wahl

Woran hapert es denn nun wirklich? Ist unsere moderne Gesellschaft einfach nicht (mehr) fähig zu Ruhe, Entspannung und unverplanten Wochenenden? Müssen wir eventuell mit dem Rotstift durch unseren Terminkalender gehen und sämtliche Hobbys, Interessen und Zukunftswünsche wieder streichen? Vielleicht ist die zusätzliche Klavierstunde bereits zu viel! Eventuell reicht es mit den Weiterbildungskursen, und das Fitnessstudio können Sie sich auch sparen. Wahrscheinlich reicht Ihnen der eine Roman für den ganzen Sommer, und manche flüchtigen Bekanntschaften sind den Aufwand nicht wert. Viel Frustration und Unüberschaubarkeit in der Freizeit ergibt sich zudem aus dem sogenannten Auswahl-Paradox, wie es die Psychologie nennt. Zu viele Wahlmöglichkeiten führen zur Überforderung: Tue ich lieber dies oder jenes? Wir haben Tausende von Möglichkeiten und die Qual der Wahl. Ständig müssen wir uns entscheiden. Was uns früher die Traditionen und Religionen abgenommen haben, wird heute zum Ballast: Das zieht sich von den Entscheidungskonflikten vor dem Supermarktregal über das Fernsehprogramm bis hin zum Urlaubsziel. Modetrends ändern sich, Gesundheitstipps widersprechen einander und das Internet ist sowieso kaum überschaubar. Das E-Mail-Postfach quillt über, ein buntes Freizeitangebot lockt, und immer gibt es etwas Neues zu erleben, zu sehen, zu besuchen, zu wissen und auszuprobieren. Wir wollen ja mitreden, dabei sein und uns das auch leisten können. Dabei befürchten wir, bei jeder Wahl, die wir treffen, einen Fehler zu machen: Was wird, wenn ich meine Entscheidung bereue, wenn das andere Produkt doch besser, die Parallelveranstaltung interessanter und mein Partner doch nicht der Richtige ist? Woher wollen wir wissen, welche der vielen möglichen Varianten die beste für uns ist? Studien zufolge ist es auch die wachsende Komplexität des Alltags, die uns zu schaffen macht. Maximale Freiheit kann also zu maximalem Frust führen!

Die automatische, beinahe instinktgesteuerte Abwehrreaktion besteht dann irgendwann darin, sich einfach gar nicht erst festzulegen. Viele Menschen entziehen sich dieser Konfliktsituation und lassen es gleich bleiben. Der gesunde Menschenverstand fragt: „Wozu brauche ich das überhaupt noch?“ – „Dann lass es doch lieber gleich bleiben!“, antwortet er dann resigniert. Wir schützen uns durch Verzicht vor der Überforderung. Sehen Sie, ein kleiner Buddha steckt dann doch in uns. Aber Vorsicht: Verwechseln Sie nicht Gelassenheit mit Gleichgültigkeit! Wer den vielen Verlockungen widersteht, spart sich zwar anstrengende Shoppingtouren, Pauschalurlaube und Besucherrunden, aber von nun an dauerhaft „auf Durchzug“ zu schalten und gar nichts mehr an sich heranzulassen, wäre das andere Extrem und würde das Gegenteil bewirken: Diese Haltung führt zu Pessimismus, Zynismus und Starrsinn. Wählen wir also lieber wieder den Mittleren Weg, auf dem wir uns bislang doch wacker geschlagen haben.

Die Kunst liegt im klugen Verzicht

Toll wäre es doch, eine Methode zu beherrschen, welche die Vielfältigkeit unseres Alltags an-, aber nicht automatisch aufnimmt. Jedoch nicht nach dem Motto „Gucken, aber nicht anfassen“, sondern „Gucken, staunen und gar nicht anfassen wollen“. Merken Sie den Unterschied? Es kommt auf die innere Haltung an. Nicht wollen müssen! Und hier kommt unsere bewährte Achtsamkeit ins Spiel. Wir können unsere Aufmerksamkeit bewusst lenken, Dinge aus einer gelassenen Perspektive betrachten, jedoch ohne sie zu bewerten – und dadurch ohne sie besitzen zu wollen. Stattdessen machen wir es nach Buddhas Art, lehnen uns zurück und stellen zufrieden fest, dass wir aus dem gesamten Angebot eigentlich gar nichts brauchen. Im Buddhismus ist die Rede von Entsagung auf freiwilliger Basis. Es ist eine enorme Erleichterung, einfach loslassen zu können, weil man bereits mit seinem Leben zufrieden ist und damit auch zugleich auf das Unbefriedigtsein verzichten kann.

Die drei Geistesgifte Gier, Aggression und Verblendung als Ursachen unseres Leidens sind nicht nur Bestandteil unserer materiellen Bedürfnisse und der Grund für unsere ständige Unzufriedenheit, sie schleichen sich auch in unsere allerliebste Freizeit ein. Übersetzen wir Buddhas Vier Edle Wahrheiten auf unsere freie Zeit, klänge das folgendermaßen: Die erste Edle Wahrheit geht davon aus, dass uns – trotz Feierabendstimmung und langem Wochenende – irgendetwas die Stimmung vermasselt. Oft richten wir hohe Erwartungen an uns selbst, alles muss perfekt laufen in Bezug auf Karriere, Partnerschaft, Freundeskreis und die eigenen Wunschvorstellungen. Statt in einer stabilen Balance befinden wir uns eher in einem wackeligen Spagat. Wir leiden! Die Ursachen sind klar: Wir gehen mit uns am kritischsten ins Gericht. Perfektionismus und hohe Ansprüche führen dazu, dass wir uns immer wieder – und immer weiter – vom Glück entfernen. Wir haben nie genug (Gier), immer fehlt irgendwas (Unwissen), das zum vermeintlichen Glück (Verblendung) beitragen würde. Aussagen wie „Ach, hätte ich doch dies und jenes, dann wäre ich bestimmt wunschlos glücklich!“ finden nie ein Ende! Dabei brauchen wir uns doch nur umzuschauen. Gerade hier in der Freizeit, wenn wir endlich Zeit zum Durchatmen, Ausruhen und Entspannen haben, können wir Raum schaffen für echtes Glück (dritte Wahrheit). Was hält uns davon ab?

Jeder verfügt über dieselbe Summe an Stunden pro Tag. Wir haben acht zum Schlafen, (meistens) acht zum Arbeiten und die restlichen acht stehen uns zur freien Verfügung. Eigentlich doch eine beträchtliche Summe, oder nicht? Wir nutzen sie zum Einkaufen, Kochen, Putzen, für unsere Hobbys, die Gartenarbeit und den sozialen Austausch, wobei wir jedoch auch leider wertvolle Zeit durch das Pendeln und durch Extra-Arbeitsstunden einbüßen. Jeder gewichtet die Zeit anders. Viel freie Zeit bleibt einem nicht neben den täglichen Verpflichtungen. Die vierte Wahrheit zeigt uns den Achtfachen Pfad, einen Weg, der aus Weisheit, Meditation und richtigem Handeln besteht, wie wir bereits wissen. Üben wir uns kurz in Achtsamkeit und schauen uns mal konkret unsere Freizeitgestaltung an. Wie sehen ein typischer Feierabend, ein Wochenende und die normalen Urlaubstage aus?

Spaß, Medien und Couch-Potato

Wenn ich ein Wort wählen müsste, das unsere moderne Gesellschaft am besten beschreibt, wäre es wohl „Medienkultur". Neue Medien beherrschen unseren Alltag. Kaum einer kann sich ihnen entziehen, nicht auf dem Arbeitsweg, während der Arbeit, in der Mittagspause, ja selbst der Feierabend ist ohne die Nutzung von Smartphone, iPad und Co. nicht vorstellbar. Doch das war nicht immer so. Diese Entwicklung ist erst einige Jahrzehnte alt. In den 1990er-Jahren sprach man von der „Spaßgesellschaft". Sie war geprägt von Konsumlust, Comedy und Erlebnisdrang. Das Credo „Have Fun" ist vielleicht auch der Grund, weshalb diese Generation auch als „hedonistisch" im abwertenden Sinn bezeichnet wurde. In diesen Jahren entwickelten sich parallel neuartige Medien. Das Unternehmen Apple trat vor 30 Jahren erstmals ins Licht der Öffentlichkeit und das Privatfernsehen wurde geboren. Kurze Zeit später freuten wir uns über Gameboy, Videorekorder, Scanner und die ersten CD-ROMs. Das digitale Mobilfunknetz kam auf den Markt und uns standen plötzlich DVDs und das World Wide Web zur Verfügung. In unseren Schulen wurden nach und nach Computerräume mit Internetzugang eingerichtet, und ich besaß mit 16 Jahren mein erstes Handy. Es ist noch gar nicht sooo lange her, da traf man sich, um mit Schulfreunden auf dem Balkon zu sitzen und die neuesten Kassettenaufnahmen auszutauschen. Fotos wurden auf Zelluloidrollen in Fotogeschäften oder in Drogerien abgegeben, um die fertigen Abzüge dann ein, zwei Wochen später mit viel Spannung abholen zu können.

Die Spaßgesellschaft wurde allmählich digitalisiert und die Massenmedien durchdrangen sämtliche gesellschaftlichen Bereiche. Anfangs schien uns diese rasante Entwicklung enorm zu bereichern. Gespannt nahmen wir jede technische Neuheit als positive Errungenschaft an. Schließlich wechselten wir vom unpraktisch großen Walkman zum winzigen MP3-Player und vom analogen Festnetz-Anschluss zum praktischen Smartphone. Wir vernetzten uns immer stärker auch auf virtueller Ebene und binnen nur weniger Jahrzehnte verlagerte sich ein Großteil des Lebens in der Gemeinschaft in die mediale Welt. Vieles spielt sich heute nur noch vor dem Bildschirm ab. Und jetzt raten Sie, was die liebste Freizeitbeschäftigung des Durchschnittsdeutschen ist! Nicht umsonst trägt er deshalb die Bezeichnung *Couch-Potato.*

Medienrausch

Zugegeben, nach einem langen Arbeitstag haben die meisten keine Lust mehr, noch großartig etwas zu unternehmen. Die meisten Menschen fahren ihren Rechner hoch, noch bevor sie richtig zur Tür hereingekommen sind. Im Durchschnitt verbringen wir in unserer Freizeit täglich etwa zwei Stunden vor dem Fernseher und 1,5 Stunden vor dem PC. Etwa 38 Minuten pro Tag investieren wir in Videospiele und 33 Minuten in das Lesen von Büchern. Kinder verbringen bereits 1,5 Stunden täglich vor dem Fernseher (mit steigender Tendenz), aber auch Internet, X-Box und die Playstation sind feste Bestandteile der jugendlichen Freizeitgestaltung. Jeden Abend ist Krimi-Time, wobei sich – erstmals am Tag (!) – die ganze Familie zusammenfindet. An den Wochenenden sitzen Umfragen zufolge garantiert 30 bis 40 Millionen Menschen vor der Glotze, das ist die Hälfte der Einwohner unseres Landes! Im Vergleich dazu: Sozialen Kontakten widmen wir am Tag durchschnittlich nur acht Minuten Aufmerksamkeit. Statistiken zufolge füllen wir ganze 152 Tage im Jahr mit dem

Konsum von Medien aus, sei es das Smartphone, das Internet, das Fernsehprogramm oder die Lieblingszeitschrift. Wir haben nicht nur eines, sondern gleich mehrere TV-Geräte in der Wohnung stehen. Dabei läuft der Fernseher ständig und nebenher. Sicherlich gibt es gute Filme und interessante Bücher, spannende Games und tolle Videos. Aber müssen sie tatsächlich unsere ganze Freizeit beanspruchen? Was ist mit Sport und Bewegung im Freien? Oder mit einem kreativen Hobby außerhalb virtueller Räume?

„Ich will ja, aber mir fehlt oft die Energie", war auch lange Zeit meine Ausrede. Oftmals freut man sich am Feierabend einfach nur auf seine Couch und die Lieblings-TV-Serie. Man holt sich sein schnell aufgewärmtes Essen aus der Mikrowelle vor den Fernseher oder surft im Internet. Dann bleibt es meistens aber nicht bei einer halben Stunde, vielmehr „klebt" man dort fest bis in den späten Abend, bis es wieder Zeit fürs Bett ist.

Am Wochenende unternehmen die meisten Menschen nicht selten einen Stadtbummel, einen Restaurantbesuch oder einen Ausflug ins Kino. Kurz gefasst: Endlos-Konsum! Oder man kommt gar nicht erst aus dem Haus. Stattdessen steht ein DVD-Marathon an oder Internetsurfen bis zum Abwinken.

Ich selbst konnte mir lange nicht vorstellen, das Haus ohne Smartphone zu verlassen. Ich hatte mich längst an die ständige Erreichbarkeit gewöhnt. Unterwegs hörte ich Musik, hielt zum Einfangen schöner Momente immer die Handykamera bereit und war jederzeit und überall online. Spätestens aber beim Aussortieren und Entrümpeln meines Alltags wusste ich, dass meine Freizeit nur dann an Qualität gewinnen würde, wenn ich auch meinen Medienkonsum drastisch reduzierte. Beim Joggen muss ich mich wirklich nicht noch zusätzlich mit Musik berieseln lassen. Stattdessen nehme ich meine Umgebung wieder mit all meinen Sinnen wahr. Ich muss nicht mehr jeden tollen Sonnenuntergang fotografieren und beim Zugfahren nicht ständig Zeitschriften lesen. Meine Lieblingsserie gucke ich nur noch an besonderen Tagen, beispielsweise wenn es in Strömen regnet, bei wirklich schlechter Laune oder während der nächsten Erkältung.

Mittlerweile lasse ich das Handy auch immer wieder zu Hause, wenn eine Unternehmung ansteht und ich auch mal „unplugged“ sein möchte. Freunde, mit denen ich mich zum Kaffee verabrede, üben sich mittlerweile mit mir in der völligen Konzentration auf das gemeinsame Gespräch, anstatt ständig auf ihr Display zu schielen. Wir haben sogar ein Spiel dafür: Alle legen ihre Mobiltelefone in die Mitte des Tischs und der Erste, der draufschaut, muss die nächste Runde schmeißen. Das klappt prima!

Meine Facebook-Freundschaftsliste habe ich ebenfalls „entschlackt“. Die Vernetzung und der Austausch, gerade mit Gleichgesinnten in interessanten Gruppen, ist mir wichtig, aber ich muss nicht von jedem, den ich vielleicht ein Mal in meinem Leben getroffen habe, wissen, was er zum Frühstück hatte und auf welcher Party er in der letzten Nacht war.

Buddha und Fernsehen

Heißt das, der Fernseher muss raus? Nein, Sie müssen das TV-Gerät nicht gleich verteufeln. Lassen Sie es stehen, wo es ist, nur laden Sie es mit neuer Symbolik auf. Ähnlich wie eine Buddha-Figur schon beim bloßen Anblick entspannend und beruhigend auf uns wirkt, kann ein Fernsehbildschirm für absolute Leere stehen. Schließlich üben wir uns bei jeder Meditation darin, unseren Kopf leer zu kriegen. Der Fernseher führt uns deutlich vor Augen, wie wir die drei Geistesgifte zu verstehen haben: Oftmals fällt es schwer, den Ausschalter zu betätigen, obwohl wir eigentlich gar nicht so lange schauen wollten (Gier). Wir sind Bildern ausgesetzt, die uns eine unechte Welt als echt suggerieren. Nicht immer können wir zwischen Realität und Fiktion unterscheiden (Verblendung). Und spätestens beim gemeinsamen Fernsehabend bricht Streit über die Wahl des Programms aus (Aggression). Beim Fernsehen üben wir uns am deutlichsten im Loslassen. Denn haben wir mehrere Tage, wenn nicht gar Wochen oder Monate, auf die tägliche TV-Berieselung verzichtet, fühlen wir uns gut, erholt und befreit. Wir sind nicht mehr länger abhängig von TV-Highlights, Sitcoms und Spielfilmen, sondern leben im Hier und Jetzt. Statt *get digital* heißt es *get alive*. Dem Fernseher sei Dank, dass wir uns von nun an täglich daran erinnern!

Freizeit ist Glückszeit

Zeit ist heute unser wertvollstes Gut. Wir müssen wieder lernen, unsere Termine zu „terminieren", um davon auch etwas zu haben. Wie wäre es also für den Anfang mal mit einer terminfreien Woche? Wenn Sie sich Ihre Freizeit freischaufeln, hat auch das ständige Warten ein Ende! Sie müssen sich nicht mehr dem Wochenende, dem Sommer oder dem Glück entgegensehnen. All Ihre Wünsche und Sehnsüchte können Sie sich sofort erfüllen, durch Achtsamkeit, Zufriedenheit und eine insgesamt gelassene Haltung. Sie müssen dafür nicht, wie zu Anfang vielleicht befürchtet, Ihre Arbeitszeit verkürzen, den Job wechseln oder umziehen.

Lernen Sie stattdessen umzu*denken*. Vielleicht wird die eine oder andere berufliche oder soziale, geografische oder finanzielle Veränderung notwendig sein, damit Sie Ihren Vorstellungen von einem besseren Leben näherkommen. Sie werden aber rechtzeitig merken, an welchen Stellen Sie die eine oder andere „Schraube" drehen können. Machen Sie Ihre Freizeit ganz bewusst zu Ihrer persönlichen Glückszeit!

Obwohl meine Festplatte, in Relation zum Rest meiner materiellen Besitztümer, überhaupt keinen Platz beansprucht hat, sorgte sie für das meiste Chaos. Nachdem ich meinen Kleiderschrank, den Job und meinen Kühlschrank gut unter Kontrolle gebracht hatte, wurden meine elektronischen Daten zur echten Herausforderung! Über die Jahre haben sich dermaßen viele Dateien angesammelt, dass ich während meiner Ausmistaktion die längste Zeit Ordnung schaffend vor dem Rechner verbrachte. Vor allem das Sortieren der vielen Fotos, die ich seit der Anschaffung meiner Digitalkamera vor etwa zehn Jahren geknipst hatte, machte mir die meiste Arbeit. Wozu brauchte ich so viele Aufnahmen? Wer sollte sich all diese Bilder jemals wieder anschauen und wie viel Zeit geht dabei verloren, wenn man sich alte, in der Vergangenheit liegende Ereignisse immer wieder in Erinnerung ruft, sie sortiert und systematisiert? Und so reduzierte ich nach und nach meine Tausende von Bildern und Videos auf eine sinnvolle Menge. Der Rest wanderte gnadenlos in den virtuellen Papierkorb. Dasselbe machte ich mit Musikalben, PDFs und eBooks. Ich stellte fest, dass ich viele meiner gedruckten Bücher und herumstehenden DVDs kein zweites Mal gelesen oder angeguckt hatte. Alte Musik-CDs landeten in der Regel irgendwo in Kisten, wo sich auch Spiele, Stifte und Bastelzeug befanden. „Ich brauche diesen Kram eigentlich nicht wirklich“, gestand ich mir ein. Viel schöner wäre es doch, wenn andere etwas davon hätten. Obwohl ich Lieblingsalben, interessante Bücher und schöne Filme besaß, wusste ich, dass ich sie nicht besitzen muss, um glücklich zu sein. Was also mach ich damit? Kann ich mich tatsächlich davon trennen, ohne in Wehmut zu versinken? Bring ich es übers Herz, mich von sämtlichen Unterhaltungsmedien zu trennen, wo sie doch über Jahre ein Teil von mir waren? Was würde Buddha mit meiner CD-Sammlung und den Bücherwänden anstellen?

Nun ahnen Sie schon, was ich zu tun hatte: loslassen, aber dabei nicht vom Mittleren Weg abweichen. Der erste Stapel war schnell zusammen, was sich wirklich gut anfühlte. Dieses Stimmungshoch nutzte ich für den nächsten Durchgang und arbeitete mich auf diese Weise langsam durch den Mediendschungel.

Damit nicht alles im Mülleimer landete, kam mir die Idee, meine Medien der örtlichen Stadtbibliothek zu spenden. Das

Schöne dabei: Andere haben einen Nutzen davon und ich selbst trotzdem jederzeit die Möglichkeit, an die Sachen heranzukommen, sollte meine Sehnsucht danach erwachen. Bislang blieb ich jedoch von derartigen Gefühlsausbrüchen verschont. Stattdessen hat sich mein Horizont erweitert und ich bin auf andere, neue und interessante Literatur, Musik und Denksysteme gestoßen. Gleichzeitig fühle ich mich befreit von meiner Vergangenheit, denn gerade Musik bindet mich emotional immer wieder an bestimmte Erlebnisse, und ich bin diesen Erinnerungen notgedrungen ausgesetzt, sobald ich den entsprechenden Song höre. Umso schöner sind die Momente, wenn ich irgendwann zufällig auf einen dieser altbekannten Songs stoße, sei es im Radio, unterwegs, auf einer Party oder im Hochsommer aus irgendeinem Kleingarten. Sie glauben gar nicht, was für ein Feuerwerk in meinem Herzen abgeht vor lauter Glückseligkeit! Und das alles nur wegen eines längst vergessenen Songs – der lange nicht so speziell wäre, wenn ich ihn auf CD in meinem Besitz hätte! Das sind für mich dann ganz offensichtliche Momente wahren Glücks im Alltag …

Was sind Ihre Glücksmomente? Fallen Ihnen spontan ein paar Erlebnisse ein, die Sie ganz plötzlich in gute Stimmung versetzen können? Dies könnten die ersten Sonnenstrahlen nach einem kalten Winter sein oder das Lachen über einen wirklich guten Witz. Vielleicht genießen Sie es, bei Donner, Blitz und Regen aus dem Fenster zu schauen oder während eines Spaziergangs von einem Eichhörnchen überrascht zu werden. Immer wieder schön ist es, spontan einen alten Freund wiederzusehen, eine unerwartete feste Umarmung zu bekommen oder laut bei seinem Lieblingssong mitzusingen. Beglückend können Ausflüge sein, zum Beispiel auf einen Kinderspielplatz, wo man wie in frühen Kindheitstagen herumtobt, schaukelt und fangen spielt. Sie können einem Bedürftigen ein Essen spendieren oder einen Ableger einpflanzen und staunen, wie schnell er wächst. Etwas selbst herstellen, zeichnen oder kreieren, einen langen Lauf machen oder barfuß durchs Wasser oder über eine Wiese laufen, kann herrliche Glücksgefühle hervorrufen. Mich macht auch immer wieder die Meeresluft einfach happy. Viele sehen im Genießen eines wirklich guten Essens pure Lebensfreude. Aber auch Erlebnisse wie das Sich-mit-jemandem-Aussprechen (sich wieder vertragen), sich etwas Neues trauen, einen Turm besteigen, um die Stadt von oben zu sehen, sind wahre „Seligmacher". Lauschen Sie schöner Musik, am besten live! Oder nehmen Sie einfach bewusst wahr, dass das Leben gut ist, wie es gerade ist!

Versenkung statt Versinken

Bevor Sie also in der Informationsflut versinken, sollten Sie sich lieber in Versenkung üben. Dabei helfen könnte beispielsweise ein Rückzugsort, den Sie sich in Ihrer Wohnung einrichten. Keine große Sache, nur eine Ecke für das eigene Mini-Retreat und die spirituelle Ruhephase. In Ihrer persönlichen seelischen Wellnessoase können Sie immer wieder einige Minuten oder gar Stunden verbringen, wenn Ihnen das Draußen zu bunt wird. Hier können Sie sich bewusst sämtlichen Medien entziehen. Meditieren Sie mit dem Ziel, das loszulassen, was gerade auf Sie eindringt und Sie aus dem Konzept bringt. Wenn Ihnen das sofortige „Offline-Gehen" schwerfällt, wenn Ihre Gedanken Karussell fahren, anstatt zur Ruhe zu kommen, helfen Ihnen ein paar ausgewählte Tricks: Praktizieren Sie beispielsweise die Fünf Tibeter. Mithilfe der dynamischen Bewegungseinheiten beruhigen Sie Körper und Geist. Darüber hinaus können Sie so Ihren Hormonhaushalt, der vermutlich durch Stress aus dem Gleichgewicht geraten ist, auf natürliche Weise wieder regulieren. Entspannung durch Anspannung, ein altbewährtes Antistressmittel. Unser Körper ist darauf aus, in brenzligen Situationen reflexhaft mit Bewegung gegenzusteuern (Kampf oder Flucht: Denken Sie an die Steinzeit und die vielen Gefahren, denen unsere Vorväter und -mütter ständig ausgesetzt waren!), das sicherte unser Überleben. Heute kann Yoga unsere Spannungen lösen und den Gedankenfluss eindämmen. Daran kann die Meditationspraxis wunderbar anknüpfen. Sitzen Sie stattdessen jedoch stundenlang vor dem Bildschirm, werden Sie Ihre Gedanken-Äffchen (den *Monkey Mind)* nie zur Ruhe bringen. Denn sich ständig neuen Informationen auszusetzen und sich dadurch ablenken zu lassen, steht jedem Zur-Ruhe-Kommen entgegen. Aber es ist wichtig, seinen Alltag „herunterzufahren" und der Erfahrung von Wandel Raum zu geben. Wie können Sie bewusst abschalten, wenn Sie den Moment immer verpassen? Wie wollen Sie gute Ideen entwickeln, wenn Sie die Gedanken dazu nicht mal sacken lassen können? Wie kann man abschalten und den Alltagstrubel loslassen, wenn man sich ununterbrochen neuen Medien aussetzt?

Buddha betont nicht ohne Grund, dass viel Unzufriedenheit dadurch in uns aufkommt, dass wir blind an Dingen festhalten – sei es das ununterbrochene Nachgrübeln über den Arbeitstag oder das Verlangen zu erfahren, was da draußen in der Welt alles passiert – und wir uns nicht der Vergänglichkeit alles Materiellen bewusst sind. Loslassen ist hilfreich, um abzuschließen, Neues zu beginnen und mehr Gelassenheit zu gewinnen.

Übergangsrituale können uns super dabei helfen, von einem Stressmoment in eine Ruhephase zu gelangen. Wie das? Vollziehen Sie immer dieselbe Handlung, um Ihren Körper zu steuern und in eine Meditation zu gehen. Dies könnte so aussehen: Dimmen Sie das Zimmerlicht, ziehen Sie Ihre Schuhe aus, rollen Sie die Yogamatte aus und zünden Sie eine Kerze an. Anschließend nehmen Sie langsam den Schneidersitz ein, strecken die Arme erst nach links, dann nach rechts und führen die Handflächen zusammen und zu Ihrem Herzen. Halten Sie die Augen dabei geschlossen und rezitieren Sie ein Mantra (das Wort entstammt dem Sanskrit und bezeichnet eine Art „heiliges Wort“ oder einen „heiligen Vers“). Dieser kann ganz profan klingen wie: „Ich bin ganz ruhig. Meine Gedanken sind hier, mein Kopf ist leer, und mein Atem ist tief.“ Wiederholen Sie das einige Male, entweder mit Flüsterstimme oder lautlos in Gedanken. Mantras sind fester Bestandteil des Buddhismus, sie gehören zur Meditations- und zur Gebetspraxis. Uns dienen sie dazu, unserem Kopf zu verklickern, dass wir nun nicht mehr im Büro sitzen, sondern auf dem Weg zur Ruhe sind. Durch die ständige Wiederholung schult man seine Konzentration auf den Moment, und das bewusste Aussprechen hilft, den Schalter im Kopf umzulegen. Weiter müssen wir nichts tun, unser Unterbewusstsein weiß intuitiv, was zu tun ist. Wenn Sie sich angewöhnen, dieses Ritual immer auf dieselbe Art und in derselben Reihenfolge durchzuführen, wird Ihnen der Übergang immer leichter fallen. Sie grenzen damit Ihren gewöhnlichen Alltag bewusst von Ihrer Ruhe-Zeit ab. Das ist die Kraft der Rituale. Nutzen Sie sie, um den Stecker zu ziehen, wann immer Ihnen danach ist!

Den Stecker ziehen und sich engagieren

Will man seine karge Freizeit wirklich auskosten, muss man die wichtigen Schritte zum Minimalisieren tun. Sie brauchen mir bei meiner Mediendiät nicht nachzufolgen. Wichtig ist nur, dass Sie Ihr persönliches Rettungsboot aus der Informationsflut bereithalten und auch immer wieder mal den Stecker ziehen.

Je öfter Sie den Stecker ziehen, desto seltener werden Sie über Zeitmangel oder Freizeitstress Klage führen. Dann können Sie sich tatsächlich überlegen, was Sie nun mit all Ihrer freien Zeit anstellen wollen. Geben Sie endlich den lang gehegten Wünschen nach und tun Sie nur noch das, was Sie wirklich wollen. So schaffen Sie sich Ruheinseln, mitten im turbulenten Alltag! Verlagern Sie Ihre Aktivitäten auch mal nach draußen ins Freie und seien Sie „unplugged“ zugange. Suchen Sie sich sinnstiftende und sozial orientierte Hobbys. Viele Menschen assoziieren solche Tätigkeiten sofort mit einem festen ehrenamtlichen Engagement im Altenheim, in der Kirche oder im Sportverein. Das braucht es aber gar nicht zu sein. Natürlich können Sie sich als NachhilfelehrerIn engagieren oder UmweltaktivistIn werden, aber Sie müssen nicht! Vielleicht denken Sie innerlich sogar: „Na ja, das klingt ja alles schön und gut, aber im Tierheim Hundekot wegzuräumen kann doch nicht wirklich die Alternative sein!“, oder: „Kino mit Freunden ist mir dann doch lieber, als im Altenheim Bücher vorzulesen.“ Aber Sie werden sich langfristig besser fühlen, wenn Sie sich nicht nur gemütlich mit Freunden zum Kaffeeklatsch treffen, sondern sinnvolle Aufgaben übernehmen und damit anderen Menschen helfen. Finden Sie etwas auf Ihrem ganz speziellen Interessengebiet: Vielleicht geben Sie einen Selbstverteidigungskurs für Frauen oder arbeiten in einem Migranten-Café mit?

Ich habe beispielsweise am Beginn ganz klassisch bei einer Kirche angefragt. Die Aufgaben, die man mir zuwies – vor allem Mithilfe bei Veranstaltungen, Plakate entwerfen und den Raum dekorieren – erfüllten mich langfristig jedoch nicht. Deshalb schlug ich vor, lieber eine meditative Laufgruppe zu begründen, um Menschen langsam wieder an die natürliche Bewegung heranzuführen und Ihnen dabei Raum zu bieten, etwa um über spirituelle Themen nachzudenken.

Entscheiden Sie sich (nur) für eine Sache. Stopfen Sie Ihren Terminkalender ja nicht wieder voll! Hilfreich kann sein, wenn Sie sich eine Wunschliste schreiben, wo Sie ihre Vorlieben nach Prioritäten notieren. Prüfen Sie dann, was zeitlich, örtlich und finanziell realisierbar ist. Manchmal hängt die Umsetzung stark vom Wetter ab oder es spielen Öffnungszeiten eine Rolle. Vielleicht müssen Sie auch erst genügend Mitstreiter finden oder der richtigen Gruppe beitreten. Probieren Sie ruhig Verschiedenes aus, es ist völlig normal, dass es anfangs ein paar Umorientierungen geben wird. Halten Sie sich auch unbedingt genügend Zeit fürs Nichtstun und Ausspannen frei, damit das Vergnügen nicht wieder in Stress ausartet!

Da wächst etwas

Eine der wohl besten Formen von Freizeitgestaltung, die sowohl Entspannung, Flow, soziale Kontakte, aktiven Körpereinsatz, Bewusstwerdung der Gegenwart, ein gewisses Maß an Weiterbildung, sinnliches Erleben wie auch den Naturaspekt einschließt, ist Gartenarbeit. Hätte man mich vor einigen Jahren in einen Garten gestellt, hätte ich das Ganze vermutlich als mühseliges Rumgegrabe bezeichnet, zudem über Rückenschmerzen, schwarze Fingernägel und das lästige Unkrautzupfen geschimpft und mich lieber schleunigst wieder „vom Acker" gemacht.

Doch nach mehreren Jahren staubtrockenen Stadtlebens sehnte sich irgendetwas in mir nach Natur, Obst und Gemüse mit Geschmack und Blumenduft. Zudem wurden gerade viele sogenannte Urban-Gardening-Projekte ins Leben gerufen. Sie waren interessant, hip und mitten in der Stadt. Immer mehr Menschen, darunter auch viele junge Leute, packt die Gartenlust. Kein Wunder, denn die Mehrheit der Bevölkerung lebt in Städten. Heute spielt sich unser Leben zwischen grauem Beton und schwarzem Asphalt ab: Wie gehen hier zur Schule, haben hier unsere Jobs und verbringen unsere Freizeit inmitten von Hochhäusern. Blumen sehen wir höchstens noch in Form von Tischdeko, und Früchte gibt's im Smoothie-Becher.

Ein Garten hingegen ist Natur pur. Um ein wenig Grün abzubekommen, müssen wir aber keineswegs aufs Land ziehen oder ein eigenes Haus mit Garten besitzen. Wie Sie bereits im vorangegangenen Sharing-Kapitel erfahren haben, kann man Garten, Schaufel und Co. ebenfalls mit anderen Menschen teilen. Wobei die Arbeit im Garten eine super Alternative zu Glotze und Spielekonsole bietet. Man kann sie das ganze Jahr über betreiben, denn im Garten gibt es eigentlich immer irgendwas zu tun. Und je nachdem, was wir angebaut haben, werden wir sogar mit einem Blütenmeer oder köstlichem Obst und Gemüse für unsere Mühen belohnt. Vielleicht haben Sie ja selbst schon herausgefunden, wie Sie sich glücklich buddeln können!

Im Buddhismus wird der Garten gerne als Sinnbild für den eigenen „Gedankenhaushalt" herangezogen. Wir als Gärtner entscheiden, was gesät wird. Negative Gedanken und Gefühle wie Neid, Hass, Zorn und Rache sind wie Unkraut, das sich wild wuchernd ausbreitet, andere Pflanzen erstickt und ihnen den Nährboden entzieht. Gute Gedanken hingegen, wie Liebe, Freundschaft, Zuversicht und Großzügigkeit, müssen bewusst gepflegt und kultiviert werden. Diese „Pflanzen" können nur gut wachsen und gedeihen, wenn wir ihnen genügend Aufmerksamkeit schenken. Lassen Sie Ihren Gedanken- und Gefühlsgarten also nicht verwildern, sondern sorgen Sie für genügend Licht, Wasser und Aufmerksamkeit. So wird jeder Spaziergang ein Gedicht.

Back to nature! Im Garten erleben Sie, was es heißt zu schaffen, zu kreieren und zum Wachsen zu bringen. Im Garten nehmen Sie bewusst am Geschehen teil, denn die Arbeit verlangt den ganzen Körpereinsatz. Sie dürfen dabei ruhig ins Schwitzen kommen. Erleben Sie hier das Gefühl der Verbundenheit mit allem, was Sie umgibt. Mit Ihrer Arbeit und Ihrer Kraft bringen Sie die Natur zum Leben. Im Gegenzug belohnt Sie die Natur mit herrlichen Blumen und tollen Früchten. Sie ernten, was Sie säen, und das ruft ein unglaubliches Glücksempfinden hervor.

Die Tätigkeit im Garten ist auch sehr kontemplativ: Die Bewegungen sind achtsam, fließend, bewusst und konzentriert. Gartenarbeit ist grüne Meditation! Ihre Aufmerksamkeit ist ganz gezielt auf eine einzige Tätigkeit gerichtet, und Sie sind dabei

Tipp

Was Sie immer schon tun wollten

Wenn der Zeitpunkt gekommen ist und Sie Ihr gesamtes Leben – inklusive der Freizeit – tatsächlich entrümpeln, seien Sie vorbereitet auf die freie Zeit nach dieser Aktion! Machen Sie sich jetzt schon eine Liste mit den Dingen, die Sie immer schon tun wollten, aber nie die Zeit dafür hatten. Ist es vielleicht Kickboxen, Aquarellmalen oder Malaiisch lernen? Eine alte Schulfreundin besuchen, durch Europa reisen oder ein Buch schreiben? Sie werden bald die Zeit dafür haben. Richten Sie sich darauf ein.
Handelt es sich bei Ihren Träumen um etwas finanziell Unmögliches, dann denken Sie über Alternativen nach: Wie lässt sich der Wunsch anderweitig erreichen? Was ist ähnlich und kostet verhältnismäßig weniger? Lässt es sich vielleicht mit einer anderen Tätigkeit, mit bestimmten Personen oder Orten verbinden, oder müssen Sie dafür einen kleinen Umweg gehen? Lassen Sie Ihre Fantasie spielen. Nichts ist unmöglich!
Überlegen Sie außerdem, welche Zwischenschritte notwendig sein könnten, damit Sie Ihren Zielen näher kommen und wie und in welcher Zeitspanne Sie diese erreichen wollen. Was müssen Sie noch alles dafür tun? Welche Fähigkeiten erwerben, sich welches Wissen aneignen?

völlig im Hier und Jetzt. Ihnen wird nicht nur der Moment bewusst, auch der Wandel zeigt sich ganz deutlich. Die Erfahrung von Vergänglichkeit, aber auch die Unberechenbarkeit der Natur kommen Ihnen hier besonders nah und machen Sie innerlich gefestigter, gelassener und ruhiger.

Frische Luft, Sonnenstrahlen und Bewegung tragen ein Übriges dazu bei, dass Sie sich völlig entspannen und die Seele baumeln lassen können. Dabei sensibilisieren Sie sich für eine gesunde Lebensweise und entdecken die Natürlichkeit des Lebens, Sie finden buchstäblich zu den Wurzeln zurück.

Stellen Sie sich vor, wie Sie mit Ihren Händen in die frisch aufgewühlte dunkle Erde greifen, eine Himbeere probieren oder an einer Zitronenmelisse schnuppern. Genießen Sie diese Erlebnisse mit all Ihren Sinnen! Hier können Sie endlich aktiv werden und aktiv zulangen! In Ihrem normalen Alltag sitzen Sie vielleicht überwiegend am Schreibtisch und verrichten einen Bürojob, in dem nur der Kopf, aber nicht der Rest Ihres Körpers gefordert wird. Die Natur bietet Ihnen die Chance, sich völlig einzubringen und Ihren Körper wieder zu spüren. Burn-out und Stress haben zwischen Blumenbeet und Obstbäumen keine Angriffsfläche.

Garden in the City

Das tolle am *Urban Gardening* ist, dass Sie nicht allein buddeln müssen, sondern es in Gesellschaft tun können. Insbesondere die Stadtgartenprojekte basieren auf einer gemeinschaftlich ausgerichteten Philosophie: Graue und zugepflasterte Stadtteile sollen attraktiver und sinnvoll genutzt werden. *Green City* ist weitergedachter Minimalismus. Minimalisten packen gemeinsam an und teilen sich die Arbeit. Im Stadtgarten treffen unterschiedliche Generationen und Kulturen aufeinander, man knüpft Kontakte und schafft Raum für lustige, interessante Gespräche. Gleichzeitig verpflichtet *Urban Gardening* nicht zur täglichen Arbeit. Dadurch verfallen Sie nicht in Routine und bewahren sich das Besondere dieser Stunden. Hier lernen Sie gegenseitiges Vertrauen, Miteinander-Teilen und Voneinander-Lernen. Sie sind nicht alleine für Geräte, Dünger, Beete und Töpfe zuständig. Geteilte Gartenarbeit baut auf Gruppendynamik und gegenseitige Unterstützung. Gartenarbeit kann nämlich auch anstrengend, erschöpfend und sogar frustrierend sein. Umso schöner ist es doch,

wenn man nicht auf sich allein gestellt ist, sondern mit anderen Menschen gemeinsam etwas bewegt. Die Tätigkeit in der Natur schenkt uns Entschleunigung und Entspannung – Gartenarbeit ist eine wundervolle Form der Meditation und Achtsamkeit im Freien, ob mit oder ohne Buddha-Statue … (der Gartenzwerg von heute). Betrachten Sie die Gartenarbeit als grüne Version von Buddhas Achtfachem Pfad. Buddha wollte uns, basierend auf seiner Erkenntnis über das Leiden und dessen Ursachen, einen sinnvollen Weg aufzeigen, der uns aus dem „Tal der Tränen" herausführt. Er bezeichnete diesen Weg, den Achtfachen Pfad, als die letzte Wahrheit seines Erleuchtungsgedankens, dessen Kurzfassung Sie bereits kennengelernt haben: 1. Weisheit, 2. ethisches Verhalten und 3. Meditation. Die Arbeit im Freien können Sie im übertragenen Sinne als acht Anweisungen verstehen, die Ihr „Projekt Garten" buchstäblich zum Blühen bringen.
1. Die rechte Sicht verkörpert in unserem Kontext die Liebe zur Natur und das Wissen, was Sie dafür benötigen. 2. Für die rechte Entschlossenheit stehen Ihr Engagement und Ihre Motivation. 3. Rechtes Reden heißt, dass Sie bei der Gartenarbeit selbst möglichst wenig über banale Dinge reden sollten. Höchstens mit den Pflanzen oder mit anderen Stadtgärtnern, um die nächsten Vorhaben zu koordinieren. 4. Rechtes Handeln bedeutet, dass Sie stets im Einklang mit der Natur arbeiten und keinem Regenwurm etwas zuleide tun. 5. Den rechten Unterhalt erwirtschaften Sie mit Gartenarbeit und Selbstversorgung sowieso auf die beste und ursprünglichste Weise und 6., rechtes Bemühen, setzt voraus, dass Sie stets, egal bei welchem Wetter, für das Wohlergehen Ihrer Möhrchen und Co. sorgen. 7. Rechte Aufmerksamkeit verlangt höchste Achtsamkeit bei jeder Buddelarbeit und 8., rechte Konzentration, verbietet Multitasking, Ablenkung und Halbherzigkeit. Ist doch logisch, oder?

So abwechslungsreich und zugleich erholsam die Arbeit im Garten auch sein mag, die schönste Form der Freizeit, die wir in unserer Gesellschaft kennen, ist natürlich der Urlaub. Dabei kann Urlaub, wie Sie am Anfang des Buches erfahren haben, zugleich Minimalismus pur bedeuten. Sie erinnern sich: das schlichte, einfach eingerichtete Hotelzimmer, das Leben aus dem Koffer, die flexible und spontane Freizeitgestaltung, der Genuss des süßen Nichtstuns und das Leben im Hier und Jetzt.

Da sich jede Reise höchst individuell gestalten lässt, ist es kein Wunder, dass so ein Urlaub – gleich, ob Ferntrip oder Ferien auf einem regionalen Bauernhof – als Glück in seiner populärsten Form gilt. Aber müssen wir wirklich erst die Koffer packen und „in die Ferne schweifen", um glücklich zu werden? Liegt das Glück tatsächlich irgendwo da draußen in der Ferne, oder ist es doch eher die Frei-Zeit, die uns ermöglicht, dem Glück etwas näher zu kommen? Was geschieht, wenn wir einfach mal zu Hause bleiben? „Das ist nicht dasselbe!", werden gleich zahlreiche Gegenstimmen laut. Was macht das Reisen so besonders? Warum wird es so häufig mit Glück verbunden und wie sieht eine minimalistische Variante aus, ohne dabei gleich an Abenteuer-Camping, Freiwilligenarbeit oder Balkonien zu denken? Minimalistisch Reisen kann man durchaus auch in Form eines All-inclusive-Fünf-Sterne-Urlaubs. Denn es geht hier um die minimalistische Geisteshaltung, die Sie in diesem Buch kennengelernt haben. Wenn Sie minimalistisch denken, werden Sie Ihre Reisen fortan achtsamer gestalten, sie dankbarer und zufriedener erleben. Vielleicht werden Sie bewusst auf einige Dinge verzichten können und stattdessen gemächlicher und gelassener unterwegs sein.

Schauen wir uns doch abschließend den Urlaub mal genauer an. Schließlich ging Buddha selbst auf eine lange Reise, um das Glück zu finden. Vielleicht ist tatsächlich etwas dran an der Verbindung von „Reise" und „Glück", doch vielleicht führt uns die Reise auch ganz woandershin.

DIE REISE
ZU SICH SELBST

Ab in den Urlaub

Eines ist klar: Wir lieben ihn, unseren Urlaub! Das ganze Jahr lang warten wir auf die Urlaubswochen, um dann alles hinter uns zu lassen, eilends den Flieger zu besteigen und in Richtung Süden abzudüsen. Im Durchschnitt stehen uns 27 Tage pro Jahr dafür zur Verfügung. Und die sollen dann bitte möglichst einzigartig und besonders sein! In dieser kurzen Zeit wollen wir uns vom ganzen restlichen Jahr erholen. Wir streben nach Ruhe, Action und nach Tapetenwechsel. Dort draußen in der Ferne gönnen wir uns eine Auszeit, sammeln neue Eindrücke und lassen es uns richtig gut gehen. Reisen verändert, inspiriert und lässt uns als völlig neue Menschen zurückkehren – im Idealfall! Wir begegnen fremden Kulturen, machen interessante Entdeckungen und erweitern unseren Horizont. Reisen sind (kleine) Alltagsfluchten. Wir lechzen nach Wissen, neuen Erfahrungen, nach Freiheit und Erlebnissen. Manchmal führt so eine Reise in die Vergangenheit – allerdings mit Rückfahrschein. In der Fremde ergründen wir, wer wir sind und woher wir kommen. Wir begreifen uns als Teil einer großen weiten Welt, und schon erscheinen uns unsere Alltagsprobleme lächerlich klein.

Dass der Mensch auf Reisen geht, steckt ihm gewissermaßen in den Knochen. Schließlich zogen wir ursprünlich als Nomaden umher, waren ständig unterwegs und immer in Bewegung. Unser Leben ist eine große Entdeckungsreise, wir können gar nicht anders! Der typische uns heute bekannte Massentourismus in Form der Pauschalreise für jedermann ist allerdings ein relativ junges Phänomen und erst in den vergangenen 50 Jahren entstanden. Diese Urlaubstrips sind hauptsächlich erlebnis-, konsum- und spaßorientiert. Dabei waren die Motive des Reisens früher ganz anderer Natur: Anfangs stand die Suche nach Nahrung und Schlafstätten im Vordergrund, dann galt es, fremde Länder zu entdecken und zu erobern, später unternahm man

Handels-, Geschäfts- und Bildungsreisen – und nicht zu vergessen die religiös motivierten Wallfahrten. Die Reise verkörpert unsere romantische Sehnsucht nach dem Weiten, Unendlichen, Unberührten und Ursprünglichen. Sie wird nicht selten zur Suche nach dem Paradies auf Erden. Mit dem technischen Fortschritt und dem neuen Bürgertum kam dann verstärkt der Wunsch nach Erholung, Naturerlebnis und Ruhe auf. In den 1960ern hat sich die geregelte Urlaubswoche schließlich etabliert. So kann sich hierzulande inzwischen jeder aufmachen und auf eigene Faust die weite Welt erkunden. Wann erleben wir in unserem profanen Alltag denn sonst noch Abenteuer? Urlaub hingegen bedeutet Reisen ins Unbekannte. Neben unseren Hauptmotiven Erholung, Sonne und Freizeit leitet uns die Suche nach aktiver persönlicher Weiterentwicklung und schließlich die Suche nach dem Glück. Aber können wir da draußen in der Fremde wirklich das wahre Glück finden oder tappen wir letzten Endes nicht doch wieder in eine Konsumfalle? Die Tourismusindustrie bildet nicht von ungefähr den drittstärksten Wirtschaftszweig! Natürlich wird hier mit unseren Wünschen und Träumen ein Massengeschäft betrieben, und das leider nicht selten auf Kosten der ärmeren und schwächeren Bevölkerungsschichten. Tourismusforscher sprechen von Schaufensterreisen und Disneyfizierung, kritisieren den Massentourismus gar als Klimakiller und Ausbeutungsmaschinerie.

Wohin die Reise geht

Sie haben bereits erfahren, wo überall Sie Meditation sinnvoll und nutzbringend einsetzen können. Diese Form der tiefen Versenkung schult nicht nur die Fähigkeit, seinen Geist zu sammeln, ist nicht nur eine Technik zur Verbesserung der Konzentration oder Stressbewältigung, eine Übung in Gelassenheit und Besinnung, sondern auch ein bewährter Weg zu seinem inneren Wesenskern. Wir sind tagtäglich in einem fort äußeren Stimmen ausgesetzt, aber wann hören wir auf unsere eigene? Wann haben wir das letzte Mal intuitiv gehandelt, uns von unseren Gefühlen leiten lassen und auf unser Bauchgefühl gehört, jenseits von objektiven Fakten und unserem übereifrigen Verstand? Sie kennen das vielleicht aus frühen Kindheitstagen oder von einem interessanten Hobby, wenn Sie in einer Beschäftigung so vollkommen aufgehen, dass Sie in einen regelrechten Flow-Zustand gelangen. Kreativität und Inspiration kommen aus uns selbst heraus. Dabei lässt man alles um sich herum los. Man ist völlig in der Gegenwart und vertraut auf das, was gerade ist, ohne sein Umfeld weiter wahrzunehmen oder es kontrollieren zu wollen. Dabei ist man weder isoliert noch abgekapselt, sondern empfindet sich als Teil des großen Ganzen.

Die Reise zu sich selbst können Sie in der klassischen Sitzmeditation antreten, das alles aber vielleicht noch viel intensiver bei einer Wanderung (Pilgerreise) erleben. Wichtig ist dabei nur, dass Sie möglichst allein unterwegs sind und viel Zeit zum Nachdenken mitbringen. Lassen Sie sich nicht von äußeren Dingen beeinflussen, ablenken oder einschränken. Je ruhiger es um Sie herum wird, desto besser können Sie der Stimme in Ihrem Inneren lauschen. Nehmen Sie sich Buddha zum Vorbild: Er verließ den väterlichen Palast und ging auf Wanderschaft – es war eine weite Reise im doppelten Sinn: Der äußere Weg wurde zum Weg ins eigene Selbst. Prinz Siddhartha Gautama führte ein Leben in Askese und praktizierte die tiefe Versenkung in sein eigenes Inneres. Jahrelanges Meditieren und Reflektieren führten ihn schließlich zur Erkenntnis des wahren Glücks und ließen ihn zum Buddha, zum Erleuchteten, werden. Hätte sich Siddhartha nicht auf die Suche, auf die Wanderschaft begeben, sondern wäre stattdessen in seinem Gemach im Königspalast hocken geblieben, wäre er nie zu diesen Erkenntnissen gelangt. Zu Hause hätten ihn Reichtum und Luxus sowie seine Aufgaben und Verpflichtungen abgelenkt. Erst das Allein-auf-sich-gestellt-Sein und die Begegnung mit der Fremde verlangten die intensive, tief gehende Auseinandersetzung mit sich selbst, und das erweiterte schließlich seinen Horizont, es brachte ihn auf den Mittleren Weg und schließlich zur Erleuchtung!

Ich reise, also bin ich?

Worin liegt unser Motiv fürs Reisen? Müssen wir erst ein ganzes Jahr durcharbeiten, um uns eine zweiwöchige Auszeit zu gönnen? Oder lassen sich Mini-Erholungstrips, Wellness und Co. nicht auch hier am Ort und in regelmäßigen Abständen realisieren? Wenn das Hauptmotiv in Erholung und Abwechslung besteht, warum reicht dann nicht auch ein gutes Buch im Park, ein Fahrradausflug mit der ganzen Familie, ein toller Konzertbesuch oder ein Picknick am See? Warum muss ich bis ans andere Ende der Welt reisen, um dort dann genau das zu tun? Warum verlangt es uns danach, mit fremden Kulturen in Kontakt zu treten, während wir unsere eigenen Nachbarn kaum kennen, und weshalb projizieren wir unsere Träume auf unbekannte Länder, anstatt sie hier im eigenen Land, hier an Ort und Stelle zu leben? Haben wir das Staunen im Alltag verlernt, weil wir Gewohnheitstiere sind und das Besondere nicht mehr sehen? Dabei stellen wir nicht selten schon während des Urlaubs fest, wie gut wir es doch eigentlich zu Hause haben. Aber ist das den Preis wirklich wert?

Es gibt natürlich verschiedene Motive für den anstehenden Urlaub. Folgende Typen von Reisenden lassen sich festmachen:

1. Dieser Reisende braucht dringend Erholung von seinem aufreibenden Job und hektischen Familienleben. Er ist überarbeitet und total erschöpft. Auch der Urlaub entpuppt sich als stressige Massenabfertigung, aber ihm bleibt kaum Zeit, da-

rüber nachzudenken, wie er sich alternativ erholen könnte. Schnell vergisst er die schlechten Urlaubserfahrungen aus dem letzten Jahr und freut sich einfach nur auf seine zwei Wochen Auszeit.

2. Einige Reisende lassen sich sehr stark von ihrem Umfeld beeinflussen. Vielleicht haben sie auch zu viel Werbung oder Hollywoodfilme geguckt. Das Fernweh ist größer denn je und wird gleich mehrere Male im Jahr befriedigt. Aktuelle Trends bestimmen die Destination. Reisen gehören für diesen Typus zum Sozialprestige, und selbstverständlich muss das Hotel über WLAN verfügen, wie sonst sollen die zahllosen Fotos und Berichte via Social Media ihre Community erreichen? Dank solcher detailversessener Freunde erfährt der Rest der Welt im Minutentakt, wie das Wetter, das Hotel, der Pool, das Essen und buchstäblich jede Straßenecke aussieht. Das hilft einem selbst dabei, für seine eigene nächste Reise eine andere Route zu wählen.

3. Dann gibt es diejenigen, die das ganze Jahr über beschäftigt und immer *on tour* sind, sodass sie förmlich in Panik ausbrechen, wenn der Urlaub naht. Zwei Wochen Nichtstun kämen nicht infrage! Man wäre vermutlich auf sich selbst zurückgeworfen und die Langeweile unerträglich. Deshalb muss das nächste Abenteuer her. Vorzugsweise am entgegengesetzten Ende der Welt, am liebsten aktiv und möglichst laut.

4. Eigentlich ist dieser Reisetyp total unzufrieden mit seinem Job, seiner Partnerschaft und der Wohnsituation. Anstatt hier konkret etwas zu ändern, sucht er sein Glück in der Ferne. Man erkennt ihn vor allem daran, dass er am liebsten gleich dort am Ferienort bleiben würde, weil da draußen alles besser ist als zu Hause.

5. Und viele reisen schließlich, weil es einfach alle tun. Es ist – wie Weihnachten und Vatertag – einfach ein fester Bestandteil des Jahreszyklus. Man ist schon immer verreist, und das Ganze wird auch nicht weiter hinterfragt. Typisch für diesen Reisenden: Er bucht immer dasselbe Hotel, dasselbe Programm und dieselben Ausflüge. *Same procedure as every year!*

Das Problem ist oftmals nicht, *dass* wir reisen, sondern *wie* wir es tun. Reisen beginnt nämlich im Kopf! Man kann beispielsweise auf ökologische und sozial verträgliche Aspekte achten. Auch die Anreisemöglichkeit kann mit Blick auf Nachhaltigkeit gewählt sein, wenn man an seinen touristischen Öko-Fußabdruck denkt – ein Jumbojet stößt bei einem einzigen Flug so viel CO_2 aus wie eine Person sonst im ganzen Jahr! Es wäre sehr in Buddhas Sinn, wenn wir mitfühlender, das heißt auf eine Weise reisen, die von Respekt und Rücksicht auf die Umwelt getragen ist, und zugleich erhielte es auch Mutter Erde ein wenig länger. Man spricht von „sanftem Tourismus" oder *Green Travelling*, wenn die Urlauber auch kleinere Unterkünfte mit ökologischen Standards buchen, die öffentlichen Verkehrsmittel vor Ort nutzen und sich mit Nahrungsmitteln aus der Region verpflegen. Seine Freizeitaktivitäten wählt man mit Bedacht auf die kulturellen Sitten und Bräuche des Urlaubslands, und der Kulturaustausch findet auf Augenhöhe statt. So werden Vorurteile außer Kraft gesetzt und Barrieren überwunden. Im Gegensatz zu einem üblichen Pauschalurlaub, bei dem Sie Ihre Hotelanlage womöglich nie verlassen, ist hier die Wahrscheinlichkeit unendlich viel größer, dass Sie die und das Fremde wirklich erleben. Achtsames Reisen fördert das interkulturelle Lernen und das Verständnis füreinander. Echtes Interesse an einer fremden Kultur erzeugt Toleranz, Respekt und Fairness. Der aktive Austausch trägt zum besseren gegenseitigen Verständnis bei und kann das Fundament für echte, tiefe Freundschaften legen. Im Klartext: Durch das richtige Reisen erwerben wir vielfältige soziale Kompetenzen, die wir als

Global Players in unserer total vernetzten Lebenswelt dringend benötigen. Aus Protest und/oder Verunsicherung einfach zu Hause zu bleiben und nicht zu reisen, ist also auch keine Lösung. Gerade Minimalisten, Menschen, die ihr Leben entrümpelt haben, packt die Reiselust! Nur die Art und Weise, wie sie ihren nächsten Urlaub gestalten, unterscheidet sich vom üblichen Katalog-Reisen. Der Minimalist bildet somit den Reisenden-Typus Nummer 6. Natürlich kann er auch die Fünf-Sterne-Variante wählen, aber er weiß: Der Weg ist das Ziel! Also *Slow Travelling* statt Strandliegenbesetzung, Purismus statt Konsum, Begegnung statt Dauerunterhaltung, Naturerlebnis statt Sightseeing, integrativ statt passiv und Eigenengagement, anstatt andere für sich arbeiten lassen.

Dem Minimalisten steht von Haus aus mehr Zeit zur Verfügung, weil er keine selbst auferlegten *Must-see*-Listen abhaken und/oder anderen Vorgaben gehorchen muss. Er kann spontaner, aktiver und unabhängiger reisen, denn er ist auch nicht an einen Haufen Besitztümer gebunden! Sein gesamtes Hab und Gut passt in einen Rucksack, den er sich einfach auf den Rücken schnallt und losmarschiert. Einfach Reisen bedeutet aber nicht, dass die Reise einfach wird – im Gegenteil: Sie kann richtig abenteuerlich werden, so ohne Leitfaden und Schleichwege. Der Minimalist ist stets bewusst, mit offenem Herzen und wachen Sinnen unterwegs. Nicht selten verbindet man mit ihm auch das Bild eines Müßiggängers, Wanderers oder Pilgers. Er ist gemächlich unterwegs, nimmt sich Zeit, um innezuhalten und zu beobachten. Seine Reisen unternimmt er ohne Planung, Führung und irgendwelche Erwartungen. Kein Reiseführer sagt ihm, was zu tun sei, auch nicht der Klubmanager in der Hotelanlage. Er hört nur auf seine innere Stimme, der Buddha schließlich auch gefolgt ist, die ihm zuruft: „Lass los und sei achtsam!“ Diese Art ist wirklich die beste Form der Selbstbegegnung: der Weg der Reflexion, des Müßiggangs und im Dialog mit der eigenen inneren Stimme. Aus der Reise in die Fremde wird eine intensive

Reise zu sich selbst, auf unbekannten Pfaden, inmitten fremder Landschaften und durch Begegnungen mit interessanten Menschen, die Impulse geben und als Inspirationsquelle dienen.

Tipp

Minimalistisches Gepäck

- Faustregel: Weniger ist mehr, und das am besten in Form von Handgepäck oder Rucksack.
- Neutrale Kleidung, mit der man nicht gleich als Tourist auffällt.
- Bequeme, feste Schuhe, die man möglicherweise zu Laufschuhen umfunktionieren kann, um die Gegend auch spontan laufend zu erkunden.
- Generell: Funktionskleidung, die für mehrere Zwecke genutzt werden kann.
- Weniger Kleidung, dafür die Bereitschaft, diese abends mal schnell auszuwaschen.
- *Secret Belt* oder Brusttasche, um wichtige Dokumente flexibel eng am Körper tragen und somit auf Handtasche und Zimmersafe verzichten zu können.
- Ein Camping-Klappmesser für spontane Picknickaktionen im Freien.
- Ein Mikrofaser-Handtuch nimmt wenig Platz ein.
- Das Smartphone ersetzt Buch, MP3-Player, Fotoapparat, Navi, Wecker, Radio, Notizzettel und mitunter sogar die Taschenlampe.
- Ein Thermosbecher kann als Allround-Behälter genutzt werden und verhindert unnötigen Plastikmüll.

Ich bin dann mal hier

Stellen Sie sich vor, Sie könnten sich den ganzen Reisestress – sei es das Kofferpacken, das Erledigen von Besorgungen, der Stau, die Parkplatzsuche, der Stress am Flughafen, die Warteschlangen, der Transfer zum Hotel, die Zimmerreklamation usw. – sparen und den Tag stattdessen gleich entspannt und fröhlich im Freibad verbringen. Minimalistisch Reisen kann auch bedeuten, dass man freiwillig zu Hause bleibt und trotzdem Urlaub macht, etwa auf dem eigenen Balkon. Und das braucht weder eine erzwungene Sparmaßnahme noch ein heldenhafter Verzicht zu sein, vielmehr stellt es eine bewusste Entscheidung für eine völlig entspannte und ergiebige Alternative dar.

Und es spricht wirklich vieles fürs Hierbleiben: In Deutschland, Österreich und der Schweiz können wir herrliche Sommer erleben! Jedes Jahr klettert die Quecksilbersäule auf bemerkenswerte Marken, zeigt Temperaturen an, die uns förmlich dahinschmelzen lassen. Die ausgeprägten vier Jahreszeiten sorgen für herrliche Abwechslung, um die uns Einwohner tropischer Länder gar nicht so selten beneiden. Und sollte das Wetter dann doch mal nicht so toll sein, kann man seine Aktivitäten doch einfach nach drinnen verlagern. Unsere Urlaubsstimmung sollte sowieso nicht nur vom Sonnenschein abhängen. In zahlreichen Kulturen werden gerade Regen, Blitz und Donner mit den mächtigsten und vielfältigsten Gottheiten in Verbindung gebracht. Sie stehen in der Regel für Fruchtbarkeit, Stärke und Segensreichtum. Eigentlich sollten wir für jedes Wetter dankbar sein!

Ein anderes Argument für Balkonien ist die freie Wahl unserer Nahrung. Statt Halbpensionsmassenabspeisung bereiten wir unser Essen selbst zu. Damit haben wir die Garantie auf 100 Prozent Qualität. Wir können außerdem weiterhin ruhig und in sauberer Bettwäsche schlafen, ersparen uns die nächtliche Endlosbeschal-

Info

Reisen in Deutschland – eine kleine Kostprobe

In Deutschland gibt es zahlreiche interessante Städte und Stätten, von historischen Mittelalterfestungen bis hin zu futuristisch anmutenden Metropolen …
Wir punkten mit über 25 000 Burgen und Schlössern!
Unterirdische Höhlen, Grotten und Bergwerke bilden Deutschlands geheimnisvolle Unterwelt …
Spirituell Interessierte zieht es vielleicht zu den vielen magischen Kraftorten, Klöstern und Kathedralen.
Unsere Natur ist einzigartig und vielfältig: Hier gibt es sowohl Berge, Wälder, Naturparks, Seen als auch Meere, Inseln und Biosphärenreservate.
Die unzähligen Gärten bilden kleine Erholungsoasen.
Mehr als 1000 Wellness-und Beauty-Hotels, über 350 Heilbäder und Kurorte sorgen für Express-Entspannung.
Musik- und Kunstliebhaber kommen bei dem reichhaltigen Kulturangebot definitiv auf ihre Kosten.
Deutschland wartet außerdem mit über 6200 Museen auf. Zu den außergewöhnlichen gehören das Schnarch-, das Currywurst-, das Lügen- und das Streichholzmuseum …
Last but not least – auch kulinarisch haben wir viel zu bieten: Unzählige Brotsorten, herausragende Fleischprodukte, eine einzigartige Wein- und Bierkultur und regionale Spezialitäten verhalfen der *Cuisine allemande* zu Weltgeltung!

lung aus der benachbarten Urlauber-Disco, tropfende Wasserhähne, eine verstopfte Toilette und sonstige Unannehmlichkeiten. Anstatt mit einem langweiligen Abendprogramm lassen wir den Tag auf unsere Weise ausklingen. Wir können ausgehen, Freunde treffen oder auch einfach mal nichts tun. Am nächsten

Morgen können wir ausschlafen und müssen nicht schon morgens um sechs Uhr raus, um die Strandliegen zu besetzen. Unser Logenplatz am Beach Balkonien ist uns definitiv sicher. „Schenken" Sie sich außerdem sämtliche Impfungen, Magenschmerzen, Kreislaufprobleme und typische Urlaubskrankheiten. Auch auf Jetlags, Thrombosestrümpfe und Durchfall verzichten Sie bestimmt gerne und nehmen stattdessen lieber ein Wellnessbad oder besuchen einen Ayurveda-Kurs. Und während man anderswo als Tourist oft über den Tisch gezogen wird, astronomische Getränke- und überhöhte Eintrittspreise zahlt, gönnen Sie sich hier vor Ort einen leckeren, frisch zubereiteten Früchtecocktail, schlendern über den Stadtstrand, grillen im Stadtpark oder besuchen eine Saunalandschaft. Sie sparen Zeit, Geld und Nerven, und es muss sich in der Zwischenzeit auch keiner um Ihre Post, Blumen oder Haustiere kümmern. Sie haben endlich wieder Zeit für Ihre Freunde, Hobbys und für Liegengebliebenes. Zum Beispiel für Ihren Vorsatz, mit Buddha aufzuräumen – und das ist eine wirklich gute Idee!

It's Your Turn

Wer aber nicht jedes Mal ein ganzes Jahr auf den nächsten Urlaub warten und viel lieber sein Leben gleich wie im Urlaub verbringen möchte, holt ihn sich einfach nach Hause. Natürlich gehört dazu ein wenig Aufräumarbeit. Denn das Urlaubsfeeling in den eigenen vier Wänden muss man sich genauso erarbeiten wie jede Urlaubsreise auch. Im Unterschied zu Ihrem üblichen Zwei-bis-drei-Wochen-Trip haben Sie jedoch dauerhaft und ganzheitlich etwas davon! Sie suchen nicht länger nach dem (vermeintlichen) Glück dort draußen in weiter Ferne, sondern holen sich einfach anhaltendes Glück in Ihre eigenen vier Wände.

Sind die ersten Kisten gepackt, haben Sie das Ganze schon einmal ins Rollen gebracht. Lassen Sie sich dann nicht mehr aufhalten und verfolgen Sie Ihr Ziel konsequent weiter! Sie wissen jetzt so viel mehr. Das bietet die beste Voraussetzung zur Beseitigung jeglicher Unzufriedenheit … Sie brauchen Ihr Wissen nur in die Tat umzusetzen! Sie sind ja bereits auf dem Weg, auf der Reise zu sich selbst. Ihr mit Buddhas Hilfe aufgeräumtes Leben schenkt Ihnen ein neues Lebensgefühl – es bringt Sie in Dauer-Urlaubsstimmung. Und schließlich ergibt sich aus der minimalistischen Lebensgestaltung ein maximaler Lebensgenuss!

Es ließen sich noch so viele Dinge zu diesem Thema sagen. Aber manchmal ist weniger einfach mehr … In diesem Sinn wünsche ich Ihnen einen guten Start, achtsames Durchhaltevermögen und ein künftig gut aufgeräumtes Leben. Sie sind jetzt schon mittendrin. Denn wie Buddha sagt, findet unsere Verabredung mit dem Leben genau jetzt statt, exakt in diesem Moment. Der Treffpunkt ist genau dort, wo wir uns gerade aufhalten. Also entschuldigen Sie mich bitte, ich habe heute noch etwas vor – eine Verabredung mit dem Leben … Sie können mir aber gerne dorthin folgen!

Anhang

Sharing-Plattformen

Essen
mitesszentrale.de
issmituns.de
mealsharing.org (international)
foodsharing.de
socialeaters.com (international)
mundraub.org (Infos über herrenlose Obstbäume)

Garten
garten-teilen.de
paarking.de/alltag-leben/gemeinschaftsgarten
garten-sharing.de
meine-ernte.de
sharedearth.com

Arbeitsplatz
coworking.de
sharedesk.net (Teilen von Büroplätzen)
workamper.com (Arbeit gegen kostenlosen Campingplatz)

Hilfe, Dienstleistung und Soziales
betreut.de (Betreung jeder Art)
mila.com (verschiedene Dienstleistungen)
sitter-team.de (gegenseitige Kinderbetreuung)
helpx.net (Arbeit gegen freie Unterkunft und Verpflegung)
wwoof.org (Haushalte, die Arbeit gegen Unterkunft tauschen)
housecarers.com (arbeiten als Hauswart für private Häuser)
startnext.de (Crowdfunding-Community für kreative Projekte)
exchange-me.de (kostenloser Tauschring für Nachbarschaftshilfe)
tauschbörsearbeit.de (getauscht wird Arbeit gegen Arbeit)
yoursharity.com (Plattform zur Realisierung eigener Projekte)

Freizeit
freizeittreffs.de
groops.de
dein-ort.de (gemeinsam statt einsam)
new-in-town.com (für Neulinge in einer fremden Stadt)
blindad.de (Freizeittreffs)

Haustier
hallohaustier.de (Job oder Tiersitterbörse)
tierhelden.de (Tierbetreuer, Tiersitter, Tiertaxi, Hundesalon etc. finden)
bibulu.com (Tierbetreuung finden)
betreut.de (Tierbetreuung)
tiersitterzentrale.de (Agentur und Vermittlung)

Gegenstände
wir.de (Plattform für Teilen und Helfen in der Nachbarschaft)
leihdirwas.de (Verleihbörse für – fast – alles …)
dietauschboerse.de (kostenlos und mit über 600 Kategorien)
tauschen-ohne-geld.de (regionale Tauschringe)
frents.com (Plattform fürs Teilen)
whyownit.com (Hamburger App für Leihen statt kaufen)
gnibble.com (Plattform fürs (Ver-)Leihen von Gegenständen)
erento.com (Mieten und Vermieten von Gegenständen)
facebook.com/givebox
fairmondo.de

Tauschbörsen/Marktportale
tauschticket.de (Bücher, Filme, Musik-CDs, Spiele etc.)
swapy.de
ebay.de
kleinanzeigen.ebay.de
markt.de
quoka.de
rebuy.de (vor allem Elektronik)
hood.de (Auktionsplattform)
kalaydo.de (Anzeigenmarkt)
fraisr.com (Internetmarktplatz für den guten Zweck)
bambali.net (kostenlose Tauschbörse)
worldsharetyproject.com (Projekte in einzelnen Städten mit gemeinnützigem Aspekt)

Stauraum
milkrun.info (Transportfahrten, zur Teilung von Stauraum)
raumobil.de (Mitfahrzentrale und Transportfahrten)

Medien
tauschothek.de (kostenlose Tauschbörse für Medien)
tauschticket.de
leih-ein-buch.de (Online-Bücherei)
booklooker.de
momox.de (An- und Verkauf von CDs, DVDs, Büchern etc.)
tauschchip.de (Tausch von Büchern, Filmen, Musik, Spielen etc.)
hitflip.de (Tausch von DVDs, CDs, (Hör-)Büchern und Spielen)
sharemagazines.de (Flatrate für Zeitschriften, Zeitungen)

Kunst
allyoucanart.de (Kunst mieten oder kaufen)
aspaceforart.com (Anmietung von Galerien)

Musik
spotify.com (kostenloser Musik-Streaming-Dienst)
deezer.com (Musik anhören, Riesenangebot)
rdio.com

Shopping
kleiderkreisel.de
ubup.com
maedchenflohmarkt.de
justsecond.de
secondherzog.de
swapinthecity.de

Kindersachen
kinderado.de (Tauschen, kaufen und verkaufen von Kindersachen)
meinespielzeugkiste.de (Verleih von Markenspielsachen)
mamikreisel.de (Kleidung und Spielsachen)
einfachkind.de
wummelkiste.de (Spielspaß und spielerisches Lernen)

Mobilität
mitfahrgelegenheit.de
mitfahrzentrale.de
mifaz.de (Mitfahrzentrale)
flinc.org
blablacar.de (Mitfahrzentrale)
meinfernbus.de

Auto (kommerziell und privat)
flinkster.de (stationsbasiertes Angebot der DB)
greenwheels.com/de
nachbarschaftsauto.de
citeecar.com
tamyca.de
autonetzer.de
mein.car2go.com/de
carzapp.net
paulcamper.com (Camper- und Wohnmobilverleih)
campanda.de (Wohnwagen- und Wohnmobilverleih)

Parkplatz
parkinglist.de
ampido.com
parkplace.de
justpark.com

Fahrrad
nextbike.de (Fahrradverleih in über 30 deutschen Städten)
mobilaro.de (Carsharing und Bikesharing)
mietrad.de (E-Bike-Verleih)
velogistics.net (Transporterräder, Lastenräder und Co.)
callabike-interaktiv.de (Mietrad-Angebot der Deutschen Bahn)

Wohnen
airbnb.de
wimdu.de
9flats.com
homelink.de
intervalworld.com
knok.com (Reisenetzwerk speziell für Familien)
mitwohnen.org (Wohnen gegen Hilfe oder Minijobs)
zwischenmiete.de (kostenlose Vermittlung)
couchsurfing.org
housecarers.com (Housesitting international)

Bücher
bookelo.com
booklooker.de
bookmooch.com
goodreads.com
bookcrossing.com (weltweite Bücherei)
momox.de
sharing-books.com

Sprachen
babbel.com
busuu.com
papora.com
babelyou.com (vor allem videobasiert)
livemocha.com
lingq.com (Sprachen lernen und Vokabeltraining)
multilingual.de (Englisch, Französisch, Italienisch, Spanisch)

Wissen und Fähigkeiten
2tangos.com (eigenes Wissen teilen und selbst etwas lernen/Tandem-Prinzip)
skillshare.com (gebührenpflichtige Lernplattform)
vayable.com (Plattform für Reisende und Entdecker, die Insider der Stadt suchen)
uopeople.edu (Non-Profit-Uni mit kostenlosem Studienangebot)
udemy.com (kostenlose Online-Lernkurse)
udacity.com (kostenlose Online-Lernkurse)
edx.org (Online-Kurse verschiedener Unis)
coursera.org (kostenlose Online-Kurse von Unis und Organisationen)
khanacademy.org (nichtkommerzielles Kursangebot auf verschiedenen Gebieten)
noisebridge.net (technisch orientierte Programmier-Plattform)

Literaturtipps

Babauta, Leo, *Weniger bringt mehr. Die Kunst, sich auf das Wesentliche zu beschränken*, Riemann Verlag, München 2009

Boote, Werner/Pretting, Gerhard, *Plastic Planet. Die dunkle Seite der Kunststoffe,* (DVD) orange-press, Freiburg im Breisgau, 2013

Botsman, Rachel/Rogers, Roo, *What's Mine is Yours. The Rise of Collaborative Consumption*, HarperCollins, New York 2010

Bund, Kerstin, *Glück schlägt Geld. Generation Y: Was wir wirklich wollen,* Murmann Verlag, Hamburg 2014

Clark, Joshua/Lauren, Mark, *Fit ohne Geräte. Trainieren mit dem eigenen Körpergewicht,* riva Verlag, München 2011

Dalai Lama, *Die Regeln des Glücks. Ein Handbuch zum Leben,* Herder Verlag, Freiburg im Breisgau 2012

Fahrnow, Ilse-Maria/Fahrnow, Jürgen, *Soulfood – das Kochbuch für achtsamen Genuss,* Irisiana Verlag, München, 2013

Fellmer, Raphael, *Glücklich ohne Geld. Wie ich ohne einen Cent besser und ökologischer lebe,* Redline Verlag, München 2013

Fromm, Erich *Haben oder Sein. Die seelischen Grundlagen einer neuen Gesellschaft,* dtv, München, Nachdruck 2005

Hanson, Rick, *Denken wie ein Buddha. Gelassenheit und innere Stärke durch Achtsamkeit – Wie wir unser Gehirn positiv verändern*, Irisiana Verlag, München 2013

Hüther, Gerald, *Was wir sind und was wir sein könnten. Ein neurobiologischer Mutmacher,* Fischer TB, Frankfurt am Main 2013

Kabat-Zinn, Jon, *Gesund durch Meditation. Das große Buch der Selbstheilung mit MBSR,* Knaur TB, München 2013

Kelder, Peter, *Die Fünf „Tibeter"®. Das alte Geheimnis aus den Hochtälern des Himalaja läßt Sie Berge versetzen,* S. Fischer/Scherz, Frankfurt am Main 2010

Kieran, Dan, *Slow Travel. Die Kunst des Reisens*, Rogner & Bernhard, Berlin 2013

Klein, Stefan, *Der Sinn des Gebens. Warum Selbstlosigkeit in der Evolution siegt und wir mit Egoismus nicht weiterkommen*, Fischer TB, Frankfurt am Main 2011

Kondo, Marie, *Magic Cleaning: Wie richtiges Aufräumen Ihr Leben verändert*, rororo TB, Rowohlt, Reinbek bei Hamburg 2013

Kornfield, Jack, *Meditation für Anfänger* (Buch inkl. CD), Arkana Verlag, München 2007

Küstenmacher, Werner Tiki/Seiwert, Lothar, *Simplify Your Life. Einfacher und glücklicher leben,* Knaur TB, München 2013

Löffler, Falko, *Bin ich blöd und fahr in Urlaub? Zuhausebleiben ist der beste Trip*, Goldmann Verlag, München 2014
Mannschatz, Marie, *Buddhas Anleitung zum Glücklichsein. Fünf Weisheiten, die Ihren Alltag verändern*, dtv, München 2010
Meyer, Ulfilas, *Weniger kann mehr! Beschränken Sie Ihren Alltag auf das Wesentliche,* Wissenschaftliche Buchgesellschaft, Darmstadt 2012
Mipham, Sakyong Rinpoche, *Running Buddha. Laufend zu sich selbst finden,* Arkana Verlag, München 2013
Müller-Ullrich, Burkhard, *Marco Polo Reiseführer Balkonien*, MairDumont, Ostfildern 2009
Nollau, Nadja, *Feng Shui – Du bist, wie Du wohnst. Durch Entrümpeln zu innerer Klarheit*, Knaur TB, München 2009
Paech, Niko, *Befreiung vom Überfluss. Auf dem Weg in die Postwachstumsökonomie*, Oekom Verlag, München 2012
Pohle, Rita, *Weg damit! Büro ohne Ballast: Entrümpeln Sie Ihren Arbeitsplatz*, Goldmann Verlag, München 2004
Precht, Richard David, *Die Kunst, kein Egoist zu sein. Warum wir gerne gut sein wollen und was uns davon abhält*, Goldmann, München 2012
Schwartz, Barry, *Anleitung zur Unzufriedenheit. Warum weniger glücklicher macht*, Ullstein TB, Berlin 2006
Stark, Carsten, *Füße gut, alles gut. Ganzheitlich gesund ohne Einlagen, Medikamente und OP*, Südwest Verlag, München 2014
Thich Nhat Hanh/Cheung, Dr. Lilian, *Achtsam essen – achtsam leben. Der buddhistische Weg zum gesunden Gewicht*, O.W. Barth Verlag, München 2012
Thaker, Brian, *Couch Surfing. Eine abenteuerliche Reise um die Welt*, Eichborn Verlag, Frankfurt/Main 2009
Thoreau, Henry D., *Walden oder Leben in den Wäldern*, Diogenes TB, Zürich 2007
Schulz von Thun, Friedemann, *Miteinander reden: 1. Störungen und Klärungen. Allgemeine Psychologie der Kommunikation*, rororo TB, Rowohlt, Reinbek bei Hamburg 2010
Topf, Cornelia, *Einfach mal die Klappe halten. Warum Schweigen besser ist als Reden*, Gabal Verlag, Offenbach 2010
Taubert, Greta, *Apokalypse jetzt! Wie ich mich auf eine neue Gesellschaft vorbereite. Ein Selbstversuch*, Eichborn Verlag, Frankfurt am Main 2014
Ullrich, Wolfgang, *Habenwollen. Wie funktioniert die Konsumkultur?*, Fischer TB, Frankfurt am Main 2007

Links

atmosfair.de (bietet einen Emissionsrechner zur Ermittlung des eigenen CO_2-Ausstoßes)
barfusslaufen.com (Onlineshop für Barfußschuhe)
codecheck.info (Hilfe bei der Entschlüsselung von Inhaltsstoffen in Lebensmitteln, Kosmetik und anderen Produkten)
fahrradreisen.de (Datenbank für Radreisen in Deutschland)
footprint-deutschland.de und
fussabdruck.de (berechnet den ökologischen Fußabdruck)
germanplaces.com (Deutschland entdecken und mit Touristenaugen sehen)
karmakonsum.de (Portal für nachhaltiges Wirtschaften)
kokonsum.de (Plattform zur Share Economy)
konsumpf.de (Forum für kreative Konsumkritik)
lets-share.de (Plattform für die neuesten Tauschtrends in Deutschland)
oeko-fair.de (Plattform mit Hintergrundinfos rund um soziale, nachhaltige und ökologische Alltagsgestaltung)
ouishare.net (Onlinemagazin der Non-Profit-Organisation OuiShare)
reisekompass-online.de (Überblick über die ökologische, wirtschaftliche und soziale Qualität beim Reisen/Verbraucher Initiative e.V.)
renatour.de (alternatives umweltfreundliches Reisen mit der Familie)
utopia.de (Portal für Nachhaltigkeit allgemein und größte Community rund um nachhaltige Entwicklung)

Blogs

cultofless.com (Kelly Sutton)
commonvintage.com (Karin Fröhlich)
einfachbewusst.de (Christof Herrmann)
fuereinebesserewelt.info (Ilona Koglin, Marek Rohde und Michael Stinnes)
minimalismus-leben.de (Michael Klumb)
missminimalist.com (Francine Jay)
mrminimalist.com (Sebastian Michel)
suchtdasglueck.at (Birgit Ottendorfer)
weeshare.net (Desi und Angela)
zenhabits.net (Leo Babauta)

Impressum

1. Auflage 2015

Dank der Autorin
Nichts im Leben ist selbstverständlich und schon gar nicht, wenn einem tolle Begegnungen passieren, sich besondere Chancen ergeben und gute Gespräche dabei herauskommen. Besonderer Dank gilt dem Redaktionsteam Sarah Gast und Sven Beier für ihre kreative Unterstützung und Förderung meiner Ideen. Des Weiteren danke ich Lara für die Inspiration und tollen Impulse, und zuletzt widme ich Dir, liebe Gunda, dieses Buch. Möge es Dir als kleines Helferlein für Deinen weiteren Weg dienen und Dich bei Deinem ganzheitlichen Aufräumprojekt unterstützen. Vielen Dank Euch allen!

Illustrationen: Nadine Schurr, Stuttgart

Projektleitung: Sarah Gast

Bildredaktion: Melanie Greier

Redaktion: Claudia Fritzsche, München

Layout und Satz: Lore Wildpanner, München

Umschlaggestaltung: *zeichenpool, München, unter Verwendung einer Illustration von © Nadine Schurr

Druck und Bindung: CPI – Ebner & Spiegel, Ulm

Printed in Germany

ISBN: 978-3-517-09356-7

FSC® www.fsc.org MIX Papier aus verantwortungsvollen Quellen FSC® C006701

Verlagsgruppe Random House FSC® N001967
Das für dieses Buch verwendete FSC®-zertifizierte Papier *Munken premium cream* liefert Arctic Paper Munkedal AB, Schweden.